「ニート」って言うな！

本田由紀　内藤朝雄　後藤和智

光文社新書

はじめに

――ニートは、国や親の財産、年金などを食い荒らしていく存在です。まず、自分の内面的な崩壊から始まって、家庭の崩壊、親や先生を殺すのはまれとしても、犯罪を伴うこともあります。それは社会の崩壊にもつながっていくという、ある意味での爆弾といえるでしょう。(浅井宏純・森本和子『ニートといわれる人々――自分の子供をニートにさせない方法』宝島社、二〇〇五年、一五頁)

――おかしな社会的過保護が強まるなか、「弱い心の若者」が急激に増えている。それが、若者のニート化にも拍車をかけていると思われる。(和田秀樹『ニート脱出――不安なままでもまずやれる事とは』扶桑社、二〇〇五年、二四―二五頁)

――親からの期待を感じることなく、そのために将来生きていく上での方向性が示されず、自分の生きる道を見出しにくくなっている若者たち。反対に親からの強すぎる関与のなかで、がんじがらめになり、動き出すことができなくなった若者たち。ニートと親との関係には、そんな両面がある。(玄田有史『働く過剰』NTT出版、二〇〇五年、二三七―二三八頁)

「ニート」言説という靄《もや》が二〇〇〇年代半ばの日本社会を覆い、視界を不透明にしている。この靄の中で日本社会は誤った方向に舵《かじ》を切ろうとしている。「ニート」言説は、一九九〇年代半ば以降ほぼ一〇年間の長きにわたり悪化の一途をたどった若年雇用問題の咎《とが》を、労働需要側や日本の若年労働市場の特殊性にではなく若者自身とその家族に負わせ、若者に対する治療・矯正に問題解決の道を求めている。「ニート」は、忌むべき存在、醜く堕落した存在、病んだ弱い存在として丹念に描き出される。「ニート」は、可能な限り水増しされ、互いに異質な存在をすべて放り込んだ形でその人口規模が推計される。「ニート」は、若者全般に対する違和感や不安をおどろおどろしく煽り立てるための、格好の言葉として用いられる。「ニート」はやがて、本来の定義を離れてあらゆる「駄目なもの」を象徴する言葉として社会に蔓延する。

こうした「ニート」言説のせいで、冷静で客観的な現状分析と、真に有効な対策の構想は立ち後れている。もはやこうした事態を放置することはできない。靄は払われなければならない。開けた視界のもとで、海図に照らして社会の進路を見定めなければならない時がきている。もう我々を惑わす「ニート」という言葉は使うべきでない。「ニート」って言うな!

本書の執筆者である私たち三人は、「ニート」言説に対するこのような強い危機意識を共有している。

三人の執筆者のうち、内藤朝雄はいじめや憎悪が生まれる社会的なメカニズムを研究対象とする社会学者、後藤和智は通俗的な若者論に対する詳細な検証と批判をネット上でねばり強く続けている大学生、本田由紀は教育・労働・家族の関係について実証研究を行ってきた教育社会学者である。

もともと三人の活動領域や立場は異なっており、接点はそれほど大きなものではなかった。しかし三人とも、それぞれの観点からそれぞれのやり方で、昨今の「ニート」言説のあり方を批判する意見を、二〇〇五年半ば頃以降に表明し始めていた。互いにそれを知って文字通り意気投合し、一緒に「ニート」言説の問題性を提起する本を作ろうということになったのである。ちなみに、本を作ることの合意が三人の間で形成されたのは、本田のブログのコメント欄においてである(http://d.hatena.ne.jp/yukihonda/20050929)。

この時点で、三人は互いの顔も知らなかった。三人が顔を合わせたのは上記のブログ上での会話のちょうど一カ月後であり、その時にはすでにそれぞれの草稿を携えていた。そして、当初に思い描いていたイメージほぼそのままの形で、本書が出来上がった。

本書において、三人は次のように役割を分担している。まず第1部では本田が、「ニート」についての調査データに基づきながら、「ニート」言説と「ニート」と定義される若者たちの実像との乖離《かいり》を指摘し、「ニート」という概念がいかに不適切なものであるかを論じた上で、それに代わるより正確な現実認識と有効な施策を提唱している。

続く第2部では内藤が、若者全般や「ニート」にネガティヴな意味づけを与える言説が産出される背景となる社会構造について分析を加え、やはりそれに代えて実現してゆくべき「自由な社会」についての構想を提示している。

そして第3部では、近年の若者言説を豊富に収集し検討を加えてきた実績のある後藤が、個別の「ニート」言説を挙げながら、その問題点を詳細に検証している。紛れもない現代の若者のひとりである後藤の参加が得られたことによって、本書の説得力は大きく高まったと自負している。

ところで、三人の執筆者の間では、何から何まで意見が一致しているわけではない。特に、具体的な社会構想、中でも「教育」の意味や位置づけについては、内藤と本田の間に相違がある。しかし、それは重大な問題ではないと考えている。目指すべき社会の構想は、本書以外にも多様な意見と知恵を結集して練り上げられてゆくべきものである。そのための契機を作り出すことが本書の目的である。

この本以後、まだ「ニート」という言葉で現状を語りたい者がいるとすれば、本書の掲げた論点にきっちりと反駁《はんばく》した上でそうしない限り、嘲笑《ちょうしょう》の対象としかならないことを覚悟しなければならない。再び念を押しておこう。「ニート」って言うな！

二〇〇五年一二月

本田由紀

目次

つの欠陥／「ニート」騒ぎの陰で見えなくなる「労働需要側」の問題／「ニート」という言葉を世に出した人たちの意図／金づるとしての「ニート」／ほんとうに取り組まれるべきことは何か

第2章　若者に対して真に必要な支援は何か――60

誰が支援を必要としているのか／もっとも不活発な層の特徴――「負の連鎖」／「不活発層」への対応／「不安定層」が増大した要因／一九九〇年代初頭までの構造――「学校経由の就職」＋「教育の職業的意義」の欠如／一九九〇年代半ば以降の変化――「学校経由の就職」の縮小／「教育の職業的意義」は希薄なまま／「不安定層」への対応策として何が必要か／若年労働市場の新しいモデル／新しいモデルが機能するための条件／企業が「フリーター」を正社員登用することのメリット／「教育の職業的意義」とは／「甲羅のない蟹」の是非／企業の採用方針の揺らぎと再編／「不安定層」にとっての足場としての専門的職業能力／専門高校の意義／ドイツのデュアルシステムに見る専門的職業能力の応用可能性／「ニート」論を超えて

第3部　「言説」――「ニート」論を検証する　後藤和智　219

第1部　「現実」──「ニート」論という奇妙な幻影

本田由紀

第1章　「ニート」のイメージは間違っている

「ニート」論の絨毯爆撃

二〇〇四年から二〇〇五年にかけて、「ニート」という聞き慣れない言葉が日本社会に登場するやいなや、瞬く間に社会全体がその渦に巻き込まれてしまった感があります。

すでによく知られているように、「ニート」はイギリスで生まれた「ＮＥＥＴ」（"Not in Education, Employment or Training"）という言葉をカタカナ表記した言葉です。いずれの語も、学生でもなく働いてもいない若者を意味しているという点では共通しています。

ただし、イギリスでの定義と日本での定義との間にはいくつかのずれがあります。ずれのひとつは年齢層です。イギリスの「ＮＥＥＴ」は、一六～一八歳という、ごく若く狭い年齢層を対象とした言葉ですが、日本でいわれる「ニート」は、一五～三四歳という幅広い年齢層を対象としています。

またもうひとつの大きな違いは、イギリスの「ＮＥＥＴ」は失業者を含むのに対して、日本の「ニート」は失業者を含んでいないということです。こうした定義のずれがどのように生じ、いかなる結果をもたらしているかについてはのちほど詳しく述べます。

この「ニート」という言葉そのものは、二〇〇三年ごろから、当時の日本労働研究機構、今の労働政策研究・研修機構（以下、ＪＩＬと略記）の報告書などの中で、ぽつぽつと現れ始めていました。「ニート」という言葉をおそらく日本で最初に使ったのは、いずれも二〇〇三年三月に刊行されたＪＩＬの報告書、『諸外国の若者就業支援政策の展開——イギリスとスウェーデンを中心に』（資料シリーズ№１３１）および『学校から職業への移行を支援する諸機関へのヒアリング調査結果——日本におけるＮＥＥＴ問題の所在と対応』（ＪＩＬディスカッションペーパーシリーズ０３‐０１１）だと思います。前者はイギリスの若年雇用政策の事例を紹介したもの、後者はイギリスと同様の「ＮＥＥＴ」問題が日本国内にも存在するという関心に基づいて、若年就労支援機関の活動について報告したものです。

このように、もっとも初期には、地味な調査報告書などの中だけで、かつアルファベット表記で使われていた「NEET」という言葉が、「ニート」とカタカナ表記に変換されるとともに日本じゅうに広まることになったのは、二〇〇四年に入ってからでした。

同年一月刊行の『中央公論』二月号では、玄田有史《げんだゆうじ》氏が「一四歳に『いい大人』と出会わせよう——若者が失業者にもフリーターにもなれない時代に」という論考の中で「ニート」という言葉を使っています。そして二〇〇四年五月一七日の『産経新聞』の一面には、「働かない若者『ニート』、一〇年で一・六倍　就業意欲なく親に〝寄生〟」という、非常にショッキングなタイトルの大きな記事が出ます。この記事はJILの研究員である小杉礼子《こすぎれいこ》氏に対するインタビューに基づいたもので、小杉氏らが手がけた「ニート」へのインタビュー調査結果のポイントを紹介するようなものだったのですが、非常に社会の注目を集めました。

そして、そのすぐあとを引き取るように、同じ二〇〇四年の七月に、玄田有史氏・曲沼美《まがぬまみ》恵《え》氏の共著による『ニート——フリーターでもなく失業者でもなく』（幻冬舎）という本が刊行され、ベストセラーになりました。

続けて同じ年の九月に、厚生労働省が『平成一六年版　労働経済白書』の中で、「ニート」という言葉こそ使っていないのですが、それに該当する「無業者」数の推計を初めて行い、その人数を五二万人と発表します。それにすぐ引き続いて、JILが「ニート」問題についてきわめて積極的に取り上げ始め、一一月には、「ニート――若年無業者の実情と支援策を考える」と題した労働政策フォーラムを開催します。翌一二月には、ＪＩＬが刊行している『日本労働研究雑誌』で「若年無業――ニート」というタイトルの特集が組まれます。

このように、二〇〇四年の中頃から絨毯《じゅうたん》爆撃のように、「ニート」論の攻勢が始まったのです。それは翌二〇〇五年に入っていっそう拡大します。三月には、内閣府内の「青少年の就労に関する研究会」（座長は玄田有史氏）が研究成果の中間発表を行い、家事従事者も含む形で「ニート」数を推計して、先の『労働経済白書』の推計値よりもはるかに多い八五万人という数を発表しました。これも数多くの新聞等で報道され、非常に注目されました。この研究会には私も委員として参加していました。

翌四月には、小杉礼子氏編の『フリーターとニート』（勁草書房）という本が出ます。これは『産経新聞』で紹介された調査研究結果に関する報告書を書籍にまとめ直したものです。六月には、「ニート」に対する支援を行っている「ニュースタート事務局」というＮＰＯ法人の代表である二神能基《ふたがみのうき》さんの『希望のニート』（東洋経済新報社）という本が刊行され、これも話題を呼びます。

重要なのは、この頃から政党や政府にも「ニート」に関する動きが出てくることです。二〇〇五年五月二四日に自由民主党が政務調査会内に「ニート・フリーター等対策合同部会」を設置し、同じく五月の二六日には「若者の人間力を高めるための国民会議」というものが、厚生労働省内部に開設されます。六月一三日には、文部科学省が中央教育審議会に対して、「ニート」や「フリーター」の問題を諮問し、「ニート」に対する個別面接調査を実施するということが大々的に報道されます。さらに六月二一日には、経済財政諮問会議が「骨太の方針二〇〇五」の中で、初めて「ニート」という言葉を使います。

このように、二〇〇四年以降、「ニート」という言葉は新聞や雑誌、一般向け書籍などの様々なメディアの中で何度も大きく取り扱われることにより、社会からの強い関心を引きつけています。それに呼応するように、政府も「ニート」を政策の重点的な対象とし始めています。こうしてあたかも「ニートキャンペーン」のような社会状況が立ち現れているのです。

この日本社会全体を巻き込んだ「ニートキャンペーン」の中では、「ニート」本人の意識や意欲、あるいは「ニート」を抱える家庭の中に何かの問題があること、そしてそのような「困った若者」が近年増加していることが、ほぼ共通の前提とされています。「ニート」には、何らかの意味で「病んだ」状態にあるために仕事に向かって踏み出せない若者、というイメージが与えられています。

でも私は、「ニート」をめぐるこのような状況は、若者と仕事の現状に対する世の中の認識と、そうした現状への具体的な施策の方向性を大きく歪《ゆが》めるものであると考えています。つまり、先に述べたような「ニート」の通俗的なイメージは間違っており、それゆえにそうした間違った「ニート」イメージに基づいた施策もまた、本当に必要な施策からずれたものにならざるをえない、と言いたいのです。

私がそう考える理由について、以下ではできるだけ客観的なデータに基づいて、「ニート」とされる若者たちの実像を示しながら、説明してゆくことにします。

「ニート」はほんとうに増えているのか

「ニート」の実像を捉える際には、「量（どれほど増えているのか）」と「質（どんな人たちなのか）」という二つの側面に分けて考えてみることが役に立ちます。まず、前者の「量」という側面について検討してみましょう。

「ニート」を「量」として把握しようとする場合、その操作的な定義が必要になります。本章の冒頭で述べたように、日本で「ニート」とは通常、一五〜三四歳の若者の中で、学生でない未婚者でかつ働いておらず、求職行動もとっていない人を意味します。そこに、主に家事に従事している者を含むかどうかについて、政府内でも定義に揺れが見られます。先述の通り、内閣府の「青少年の就労に関する研究会」では家事従事者を「ニート」に含み、厚生労働省の『労働経済白書』では家事従事者を除外しています。

このような操作的定義を用いて「ニート」数を推計した結果からわかることをひとことで言えば、「ニート」と呼ばれる若者は、世間でイメージされているほど増えていないのです。やや増えてはいますが、若年失業者やフリーターの増加の仕方に比べれば、「ニート」の増え方ははるかに穏やかなものなのです。つまり、「ニート」のような若者は、ずっと前から日本社会の中に連綿と一定の人口規模で存在していました。いつの時代でも、若者のすべてが働いていたわけではなく、仕事をしていない状態の若者が社会の中で生きていたのです。それはいわば、社会のあり方として自然な状態だったといえます。

それならば、なぜ今「ニート」に関して、これほど大騒ぎされなければならないのでしょうか。私はまずこの点に、非常な疑問を感じています。「ニート」の量的な面での実態が大きく変わっていないのに、その扱われ方が大きく変わったとすれば、「ニート」そのものではなく、「ニート」を見る社会のまなざしがなぜこのように変化したのか、ということの方が、問われるべき本当の問題です。

「ニート」の中には「非求職型」と「非希望型」が半数ずつ

では、「ニート」の「量」つまり人数（人口規模）ということについて、データを見てみましょう。

先にも触れましたが、内閣府が二〇〇五年の三月に中間発表を行った研究の最終成果は、同年七月に『青少年の就労に関する研究調査』という報告書として発表されました。ネットからも見ることのできる報告書ですので、ご存じの方も多いと思います。

この報告書は大きく四つのパートに分かれています。第Ⅰ部では、報告書全体の目的や概要が説明されています。第Ⅱ部では、『就業構造基本調査』の再集計結果から、「ニート」人口の推計や大まかな属性分布を示しています。第Ⅲ部では、『青少年の社会的自立に関する意識調査』という、内閣府内の別の委員会で実施した調査のデータを利用して、「ニート」の経歴や意識など、より詳しい実態に関して分析を加えた結果を紹介しています。そして第Ⅳ部では、若者への支援を行っている機関に関する調査結果が報告されています。

ここでは、「ニート」の量的な実態について、この報告書の第Ⅱ部に含まれるいくつかのデータを参照しておきたいと思います。

「ニートが増えているのかどうか」について、とても重要な事実を教えてくれているのは、この報告書の中の図2-1-1という図です。この図は同報告書の中の玄田有史氏の担当による章に含まれているのですが、この図そのものが、「ニートの急増が大問題である」という通常の理解を裏切る現実を示しているのです。

詳しく説明しましょう。これは、「就業構造基本調査」の中から、一五歳から三四歳までの、学生・既婚者を除く無業者（仕事に就いていない人）をまず取り出し、さらにその無業者を次に述べる三つのタイプに分けて、それぞれの人数を一九九二年・一九九七年・二〇〇二年の三時点について示した図です。

三つのタイプの中で、まず一つは「**求職型**」と名付けられています。これは、いわゆる失業者に当たる人たちで、ハローワークに行くなど、仕事を探すための具体的な行動をとっている人たちです。

残りの二つのタイプは、それぞれ「**非求職型**」、「**非希望型**」と名付けられています。「非求職型」というのは、働きたいという希望はあるのですけれども、具体的な求職行動をとっていない人たちです。また「非希望型」というのは、働きたいという気持ちも表明していない人たちのことです。

図2-1-1　無業者（通学、有配偶者を除く）とその内訳の推移

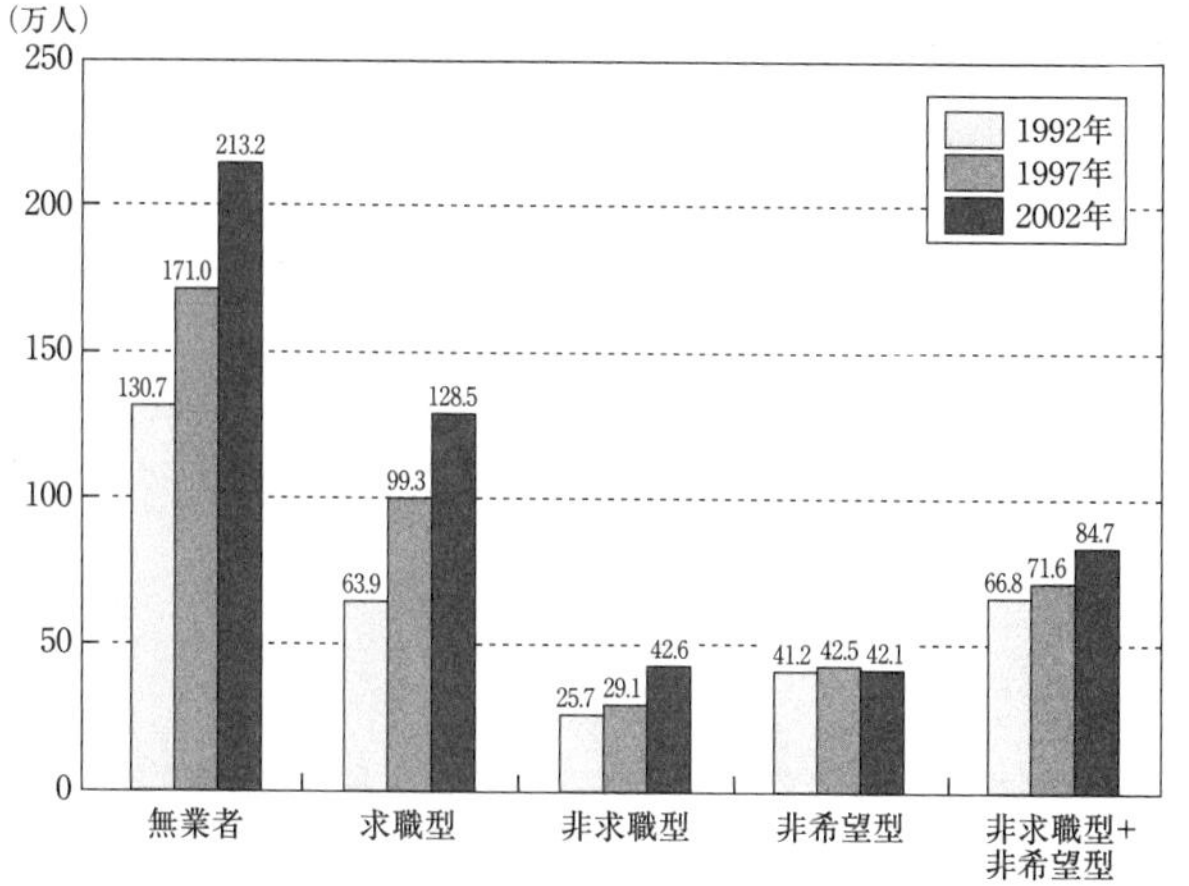

出所）玄田有史「若年無業者の実情」、内閣府『青少年の就労に関する研究調査』2005年7月、所収

この報告書では、これら「非求職型」と「非希望型」の二つを合わせたものが、いわゆる**「ニート」**に当たるとみなしています。

さて、この図2-1-1はシンプルな図なのですが、重要ないくつかのことを私たちに教えてくれます。まず「ニート」とされている「非求職型」と「非希望型」が、二〇〇二年時点でそれぞれどのくらいの人数なのかを見ると、「非求職型」は約四三万人、「非希望型」は四二万人で、この二つがほとんど同じ人数だということがわかります。つまり、「働きたいニート」と、「働きたくないニート」はきれいにほぼ半数ずつなのです。

もともと「ニート」に関しては、「働く

意欲がない若者だ」、という見方が支配的でした。それに対して玄田有史氏が、『ニート』の中で、「いや、彼らは働かないのではない、働けないのだ」という見方を強調しました。けれども、この数字を見ると、そもそもそういう水掛け論自体が無意味である、ということがわかります。現在「ニート」としてカウントされている人の中には、働く気のない人と、働きたいけれどとりあえず働いていない人とがちょうど半々の割合で混在しているのであって、どちらの見方も、「ニート」の実像の半分しか捉えていないことになります。

このことからだけでも、「ニート」と呼ばれる人たちの中には、異なるタイプの存在が含みこまれているということがわかります。それを一括して「ニート」という言葉で呼んで議論しても、いったいどのタイプの「ニート」のことを指して言っているのかわかりません。ただ、このことは「ニート」の「質」の問題に関わってきますので、後ほど改めて議論します。

「非希望型」の「ニート」は増えていない

さて、先の図2-1-1にもどり、今度は「ニート」の人数が二〇〇二年までの一〇年間にどのように変わったか、という変化の部分に注目してみましょう。「非求職型」と「非希望型」を合わせた「ニート」全体の数を見ますと、過去一〇年の間に、六六万八〇〇〇人から、八四万七〇〇〇人へと、約一八万人増えています。増加率で言うと、一九九二年から二〇〇二年までの間に「ニート」は約一・二七倍になっていることになります。その意味で、「ニート」とされる若者がやや増えているのは確かです。

ただし注意すべきは、「ニート」の増加を担っているのは完全に「非求職型」だ、ということです。図からわかるように、「ニート」の中の「非求職型」だけが過去一〇年間に増加してきているのです。

他方の「非希望型」に関しては、この一〇年間、見事なほど一定の人数で推移しています。つまり全く増えていないのです。この「非希望型」、すなわち働きたいという気持ちをもたない人たちというのは、よくいわれる「働く意欲がない」という通俗的な「ニート」のイメージにかなり合致する人たちですが、その数は過去一〇年間、まったく同じなのです。

言い換えれば、働きたいと思っていない若者は、以前から、現在と同じだけの規模で社会の中に存在していたのです。でも彼らは特に問題視されてきませんでした。「非希望型」の「ニート」は、過去一〇年間ずっと、同年齢層の約一％の比率でした。一〇〇人のうち一人くらいの割合で、「少なくとも今は働きたくない」と考えている若者がいるということは、それなりにいわば普通のことだったのです。

「ニート」よりもはるかに増えているのは「求職型」＝失業者と「フリーター」

一方、「ニート」として括られる若者の中で、確かにやや増えているのは、「非求職型」です。このタイプは一〇年前には少なかったのですが、一〇年間に約一七万人増えた結果、二〇〇二年では「非希望型」とほぼ同じ規模になっているのです。倍率で言うと、一〇年間に一・六五倍になっています。

しかし、この「非求職型」の増加を大きく問題視することに対して、私は次の二つの点から強い疑問をもっています。まずその第一は、「非求職型」の「ニート」のこの程度の増え方に対して、比較にならないほど飛躍的に増加している存在が別にある、ということです。それは他でもなく、日本で言う「ニート」には含まれない、若年失業者と「フリーター」なのです。

若年失業者については、先に述べたように、この図の中の「求職型」に当たる層ですので、その増加を見ますと、九二年には約六四万人だったものが、二〇〇二年には約一二九万人と、人数では六五万人、倍率ではちょうど二倍に増えています。二〇〇二年時点での「ニート」の数と比べると、こちらの方が四〇万人以上も多いのです。

資料１　「ニート」・若年失業者・「フリーター」の10年間の推移

		1992年	2002年	増加数	増加倍率
		万人	万人	万人	倍
「ニート」	非希望型（今仕事に就きたいと思っていない）	41	42	1	1.02
「ニート」	非求職型（仕事に就きたいが今仕事を探していない）	26	43	17	1.65
「ニート」	合　計	67	85	18	1.27
「ニート」以外	求職型（失業者＝仕事を探している）	64	129	65	2.02
「ニート」以外	「フリーター」（厚生労働省定義）	101	213（※2004年）	112	2.11

また「フリーター」については、この図には表れていませんので、厚生労働省の『平成一七年版　労働経済白書』を参照しますと、一九九二年には一〇一万人だったものが、一九九七年には一五一万人、直近の二〇〇四年時点では二一三万人と、一一二万人も増えてやはり失業者と同様に過去一〇年間に二倍以上になっています。「ニート」と比べても約一二〇万人も「フリーター」の方が多いのです。

いろいろ数値をあげましたので、改めて整理してみましょう（資料１）。

この整理をみれば、最近年における絶対数という点でも、過去からの増え方という点でも、「ニート」に比べて若年失業者や

「フリーター」の方が焦点を当てられるべき対象であるということがおわかりいただけると思います。

ですからやはり、社会政策的には、これほど急激に増えて膨大な規模に達している若年失業者および「フリーター」の方に重点が置かれて当然だと思うのですが、なぜか二〇〇四年あたりから、「ニート」がものすごく強調され始めたのです。そのことがとても不可解で腹立たしいという思いを、私は強くもっています。

「ニート」は「多様」で「普通」の若者たち

「非求職型」の増加を「ニート」の増加として問題視することに私が批判的である第二の理由は、「ニート」の「質」（どんな人たちなのか）ということにも密接に関わってくることです。私の見解では、この「非求職型」は、「求職型」（失業者）や「フリーター」との間の境界線がかなりあいまいな層だ、と考えるべきです。

そう考える根拠を説明するために、次は「ニート」が今どのような状態にある人々なのかについて、やはりデータに基づいて見てみることにしましょう。

先ほど述べましたように、『青少年の就労に関する研究調査』報告書の第Ⅲ部では、『青少年の社会的自立に関する意識調査』データを使って「ニート」の実態について分析を加えています。ちなみに、この調査では、全国から無作為に抽出された四〇九一人の若者（一五歳から三〇歳）から有効回答を得ています。

回答してくれた若者の中で、無業状態にある人は、一五七人です。その一五七人の無業の人たちを、先にみた『就業構造基本調査』再集計と同じ三類型に分けますと、「求職型」が六七人、「非求職型」が五八人、「非希望型」が三二人になります。このようにデータの数としては小さいのですが、全国津々浦々から偏りなく集められたサンプルであることから、他に存在しないような貴重なデータなのです。

この第Ⅲ部の第一章では、このデータを使って私が「ニート」の経歴と現状について検討しています。その中で、「ニート」とされる「非求職型」と「非希望型」が、それぞれ具体的に今、何をしているのか、ということを示した図（3－1－3）があります。

この図では三類型のうち、「非求職型」と「非希望型」とをそれぞれ男性と女性とに分け、各グループが現在どのようなことをしながら生活しているのかを示してあります。従事していることの選択項目としては、「進学・留学準備中」「資格取得準備中」「家業手伝い」「特に何もしていない」「療養中」「趣味・娯楽」「結婚準備中」「介護・育児」「芸能・芸術関連の

図3-1-3　タイプ別性別　主な活動内容

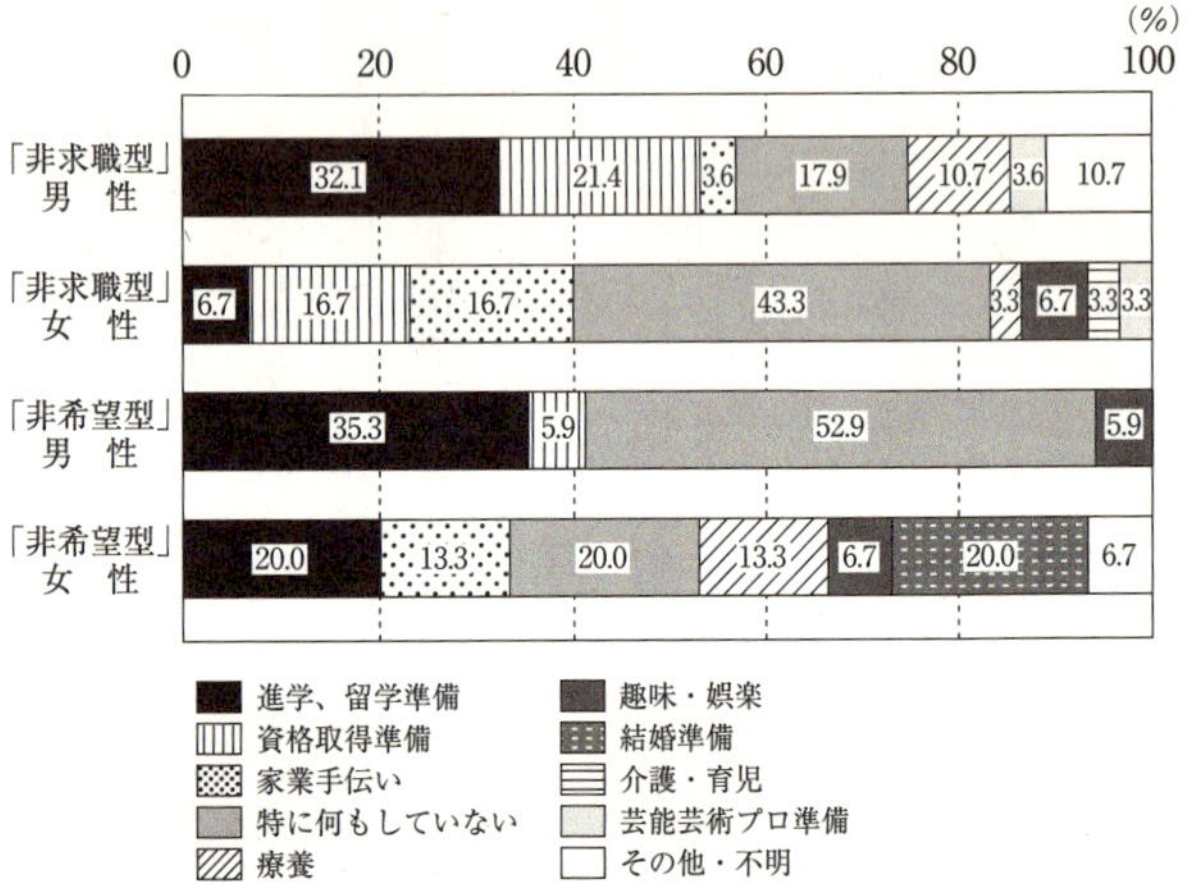

出所）本田由紀「無業者の経歴と現状」、内閣府『青少年の就労に関する研究調査』2005年7月、所収

プロを目指して準備中」「その他・不明」をあげています。

この中でいちばん不活発な状態にあるのは、「特に何もしていない」と答えた人たちであると考えていいでしょう。この「特に何もしていない」人たちを、私は報告書の中で「純粋無業」という言葉で呼んでいますが、その「特に何もしていない」人たちは、「ニート」とされる人全員の中でみても、三分の一程度にすぎないのです。

残りの三分の二の人は、働いていないからといってじっとうずくまっているわけではなく、それぞれ何らかの活動に従事しているごく「普通の」人たちなのです。

たとえば男性の「非求職型」の中で一番

多いのは「進学・留学準備中」で、三人に一人を占めています。その中には、通常の大学受験浪人のような方も含まれています。「非求職型」の男性で次に多いのは、「資格取得準備中」です。そしてその次に多いのが、「特に何もしていない」で、「非求職型」男性の二割弱ぐらいを占めています。そしてその他の、「療養中」や「芸能・芸術関連のプロを目指して準備中」「家業手伝い」などもそれぞれ少しずつ存在しています。

確かに、「非求職型」の女性と、「非希望型」の男性では、「特に何もしていない」という「純粋無業」の人たちが半数前後を占めています。けれども、「非希望型」の女性では、「非求職型」の男性と同様に、「特に何もしていない」は二割程度と少なくなり、「結婚準備中」や「趣味・娯楽」などの層がかなりを占めています。

これらのことから明らかなように、「ニート」とひと括りに呼ばれている人たちの内実を詳しくみてみると、単に「今働いていない」ということが共通するだけであって、きわめて多様な状態の人が混在しているのです。

そして、そのうちの多くはそれぞれ何かの活動に取り組んでいます。特に、進学・留学や資格取得、あるいは芸能・芸術のプロを目指して準備をしている方というのは、将来のキャリアを念頭に置いた上で、活動を進めています。それ以外にはたとえば、これまでの仕事で疲れて、離職されて、そして次のステップを模索されている方もいるでしょう。こうした人たちは、今現在働いてお金を稼いではいないけれども、しごく健全で前向きな若者たちなのです。このようないわば当たり前の事実が、なぜか見過ごされがちです。

先ほど取り上げた『就業構造基本調査』の推計結果でも、とにかく働いていない、今具体的に仕事を探していないというだけの定義でニート数が推計されて、「八五万人」と大々的に発表されるわけですが、実はその中には、深刻な問題を特に抱えていない方もかなりの数含まれているのです。それを一括して「ニート」と呼んで、しかもすごくネガティヴなイメージが与えられていること、そういう乱暴な、実態とかけ離れた議論がまかり通っていることに対して、非常に問題だと思っています。

「非求職型」は労働市場への親和性・近接性が強い

さて先ほど、「非求職型」の人たちは、少し増えていると述べました。それに関して、ではこの「非求職型」は、働きたいという気持ちはあるのに、なぜ働くための求職行動をしないのか、という疑問が生まれます。そこで、『青少年の就労に関する研究調査』報告書の図2-1-2(上段)から、「非求職型」が求職行動をとらない理由をみてみましょう。

図2-1-2(上段)　求職活動をしていない理由別人口(非求職型)

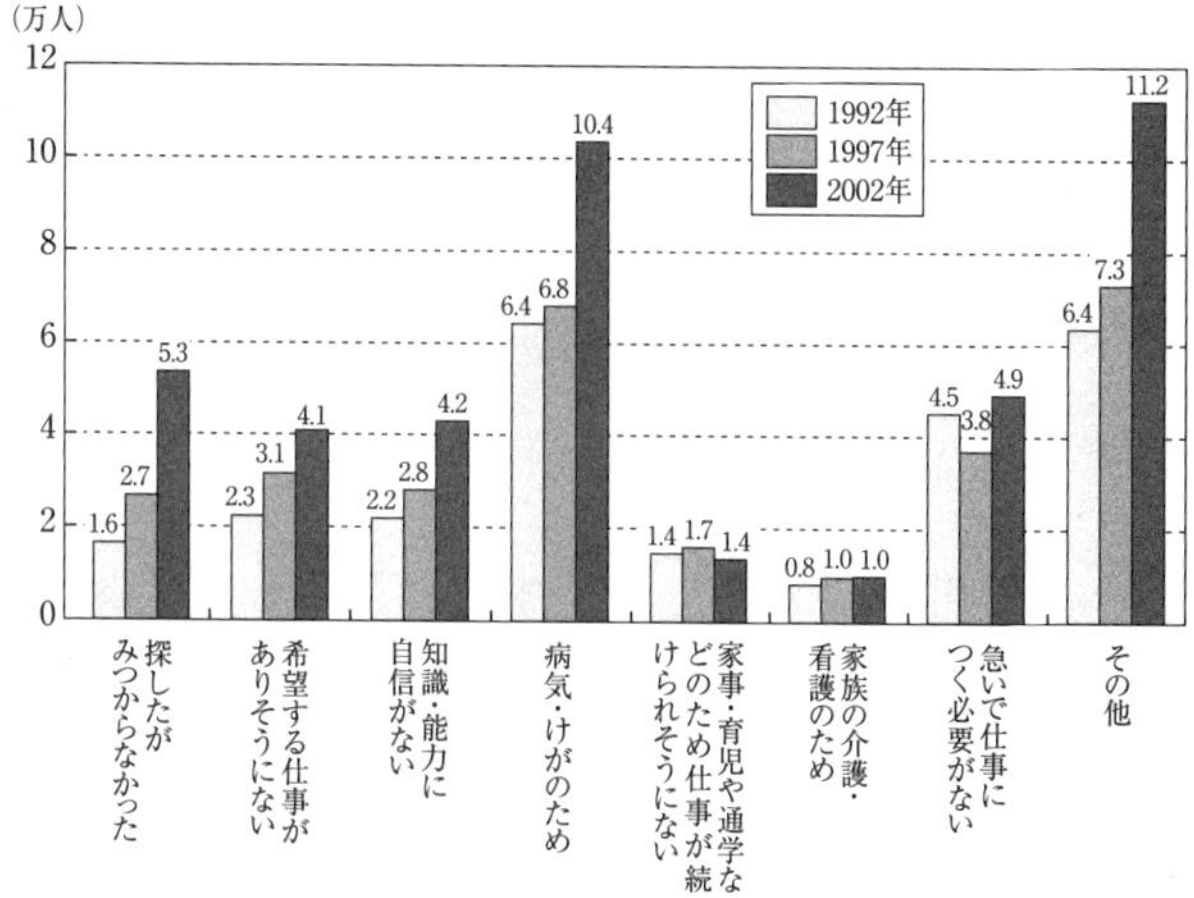

図2-1-2(下段)　仕事につけない理由(非求職型、2002年)

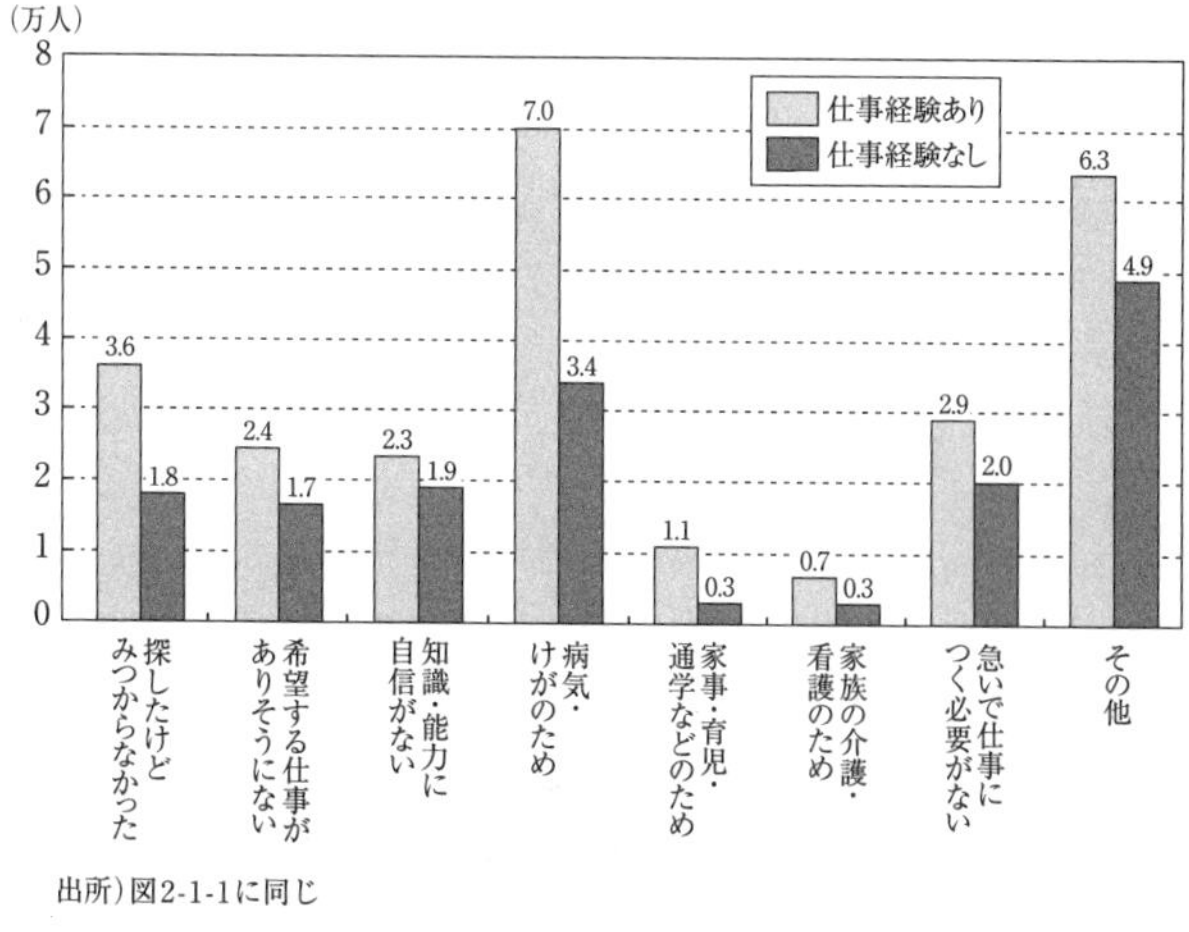

出所)図2-1-1に同じ

この図に明らかなように、「病気・けがのため」という理由を選択した人がとても多く、また近年ほど増えています。個々人の多様で具体的な個別事情を意味していると考えられる「その他」という理由もきわめて多く、また伸びてもいます。それに次いで「探したが見つからなかった」という理由をあげる人も増えています。

さらに図2-1-2（下段）は、二〇〇二年について、「非求職型」をこれまでに仕事経験がある人とない人とに分けて、求職活動をとらない理由を表した図なのですが、ご覧のように「病気・けがのため」と答えた人というのは、仕事経験のある人の中で非常に多いのです。つまり、これまで働いてきた中で、おそらく過酷な労働条件のせいで体調を崩したり疲れ切ってしまったりして仕事を辞め、今はとりあえず休んでいる、そういう方が特に最近増えているのです。たぶんその中の一部には、鬱《うつ》病のような精神面での「病気」も含まれていると思われます。

このように、「非求職型」の人たちの求職行動を妨げている要因の多くは、彼ら自身の意識や意欲というよりも、彼らを取り巻く環境条件の中にあるといえます。その意味で、「非求職型」の多くは、本来は仕事の世界への親和性・近接性がかなり強いにもかかわらず、さまざまな周囲の状況のいわば犠牲となって、現時点では求職行動をとるにいたっていない人たちである、と考えられます。

さらに、この「非求職型」は、他にもいろいろな面で、労働市場との親和性が強いのです。たとえば、この報告書の第Ⅲ部第一章において私が分析結果を示している通り、「非求職型」はこれまでの無業期間が「非希望型」にくらべて短いのです。三類型それぞれについて、無業期間が六カ月未満である人の比率をみると、「求職型」つまり失業者が三四・三%でもっとも多く、それについで、「非求職型」が二四・一%、「非希望型」が一二・五%となっています。つまり、働く意思を示していない「非希望型」は六カ月を超える長い期間無業状態にある人が大半であるのに対して、仕事を探している「求職型」は三分の一が半年前までは働いていたのです。そして働く意思はあるが仕事を探してはいない「非求職型」というのは、この二つの中間に位置づけられるような存在です。

もうひとつの例として、学校を離れた直後に仕事に就いていた比率について見てみても、「求職型」では六二・七%、「非求職型」では五一・七%、それに対して「非希望型」では三一・三%というふうに、順序よく数値が並んでいます。

他の点についても、この三類型は、しばしばきれいなグラデーションを示しています。すなわち、「求職型」(失業者)がいちばん仕事に対して積極的で、「非希望型」がいちばん消極的で、「非求職型」はその中間にあたる、というようなパターンをとる調査結果の数値が、いくつも見出されるのです。

これらのことから、「非求職型」は、失業者である「求職型」に準ずるような存在であるといえます。「求職型」ほどではないにしても、働くことへの親和性・近接性が強いのです。そして繰り返し申し上げますが、「非希望型」は増加していないのに対して、「非求職型」がやや増加しており、「求職型」つまり失業者は著しく増加しているのです。

「ひきこもり」と重ねて語られる「ニート」

ここまで述べてきましたように、「ニート」は多様で、しかも大半はごくごく「普通の、まっとうな」若者たちであり、ただ現在は様々な事情や理由から働いていない、というだけなのです。それではなぜ、「ニート」のイメージが、非常にネガティヴなものになってしまったのでしょうか。

「ニート」という言葉は、いつの間にか、「不登校」や「ひきこもり」にかなり近いイメージで語られることが増えてきていると思います。そのようなイメージの萌芽は、「ニート」という言葉が脚光を浴びた当初から、議論の中に埋め込まれていました。中心的な論者・研究者も、かなり無自覚なまま、それらのイメージを「ニート」に投影していたように見えます。たとえば玄田有史氏は、著書『ニート』の中で、「ニート」は「働く意欲がないのではない、働きたいけど働けないのだ」ということを強調しています。このような見方は、「学校に行きたいのに行けない、踏み出せない」という不登校のイメージとオーバーラップするものです。

また小杉礼子氏は、本章のはじめのほうで触れた『産経新聞』の記事の中で、「ニート」を①「ヤンキー」型、②「ひきこもり」型、③立ちすくみ型、④つまずき型に分類しています。言うまでもなく「ひきこもり型」が類型の一つにあげられていますし、③や④にも「ひきこもり一歩手前」的な若者を連想させるようなネーミングがなされています。

なお、この四類型はもともと、高校教師や若者就業支援活動をしている人々からの紹介を通じてアクセスした、五一名という少数の調査対象のインタビュー調査に基づいて作成されています。しかもその中の三一名はアルバイトやパートの仕事に就いており、「ニート」ではなく「フリーター」です。このような方法で集められたデータであるため、それが「ニート」とされる層の実像をどれほど総合的に捉えられているかについて疑問が残ります。

「ひきこもり」は、複雑に絡み合った成育歴上の困難を抱えているような人たちであり、そもそも「ひきこもり」を否定的に見ること自体が誤りですが、通俗的にはネガティブなイメージがかぶせられていることは事実です。このような「ひきこもり」のイメージが「ニート」全体に対して当てはめられるような形で、言説が成り立ってしまっているのです。しかし、「ひきこもり」に当てはまるような人は、「ニート」と括られる人の中では、本当にごく一部に過ぎません。このような、ごく一部の層の歪んだイメージが全体に拡大適用されることは、非常に問題です。

「ニート」のイメージが「ひきこもり」と重ね合わされて語られているということに関しては、二〇〇五年の一〇月一日に東京大学で行われた『ニート』——何が問題なのか」というシンポジウムで、労働政策研究・研修機構研究員の堀有喜衣氏も指摘されていました。

堀氏によれば、もともとイギリスで生まれた「NEET」という概念は、「社会的排除(exclusion)」の問題と緊密に結びつけられていました。つまりイギリスでは、貧困や低学歴、あるいは人種的マイノリティであることなど、様々な困難が集中しているきわめて不利な立場にある人たちをいかにして救うか、という議論の中で、「NEET」の定義が出てきたのです。

それが日本に輸入されたときに、中産階級の子弟に多いといわれる「ひきこもり」とイメージ的に重ね合わせられてしまったので、日本では、本当に諸資源を欠いた不利な状況に置かれている層——たとえば家計がとても苦しいとか、あるいは中卒であるため職がない、という人たち——の問題とはみなされにくくなってしまった、と堀氏は述べています。

なお、これについては逆に、「ひきこもり」を主に支援したり研究したりしている立場の人からも、『ひきこもり』とニートを一緒にしないで欲しい」という議論が出てきています。この点はたとえば、二〇〇五年九月の日本教育社会学会大会で、東京都立大学大学院生の石川良子氏が指摘しています。

石川氏の学会報告によれば、「ひきこもり」問題というのは、「とにかく働け」というような問題には還元され得ない、もっと深く本質的な社会への問いを含んでいます。にもかかわらず、たとえば同じ団体が「ひきこもり」と「ニート」の両方に支援を提供し始めたり、あるいは議論やイメージの中での混同が生じたりする形で、「ニート」問題と「ひきこもり」問題が融合してしまうような状態が生じています。それによって、「ひきこもり」問題が社会に突きつけてきた重要な問いが、非常に平板で皮相なものに矮小化される結果になっている、と石川氏は言います。こうした指摘には私も賛同します。

「ニート」の構図を整理する

さて、以上に述べてきたことを改めて整理するために、「ニート」と呼ばれる層の内部と外部に位置する様々な若者カテゴリーについて、ある概念図を使って説明をしてみましょう。

まず、「ニート」を、働いていないないし、仕事を探してもいない人々という、今の日本の定義で捉えると、その外側に近い部分に、仕事に就く意思はあるけれどもそのための具体的な行動はとりあえずとっていない層、つまり「非求職型」が位置づけられます。

そしてその内側にくるのが、働く意欲がない人たち、つまり「非希望型」だとすると、その人たちはさらに、次のように分かれます。

まず、意外と注目されず、議論にのぼることが少ないのですが、少なくとも今のところは仕事に就く必要のない層というのがいると思うのです。この層については後で詳しく述べます。

さらにその内側に、仕事に就く必要は実はあるのだけれども就きたくない人たちがいます。そしてさらにその中の小さいコアとして、いわゆる「ひきこもり」が位置づけられます。ただし、「ひきこもり」の中には「できれば働きたい」と思っている人もいますので、そういう人は「非求職型」に含まれるでしょう。

いずれにしても、「ひきこもり」はニートの中のごく一部です。「ひきこもり」をどう定義

図A　「ニート」の内部に注目した図

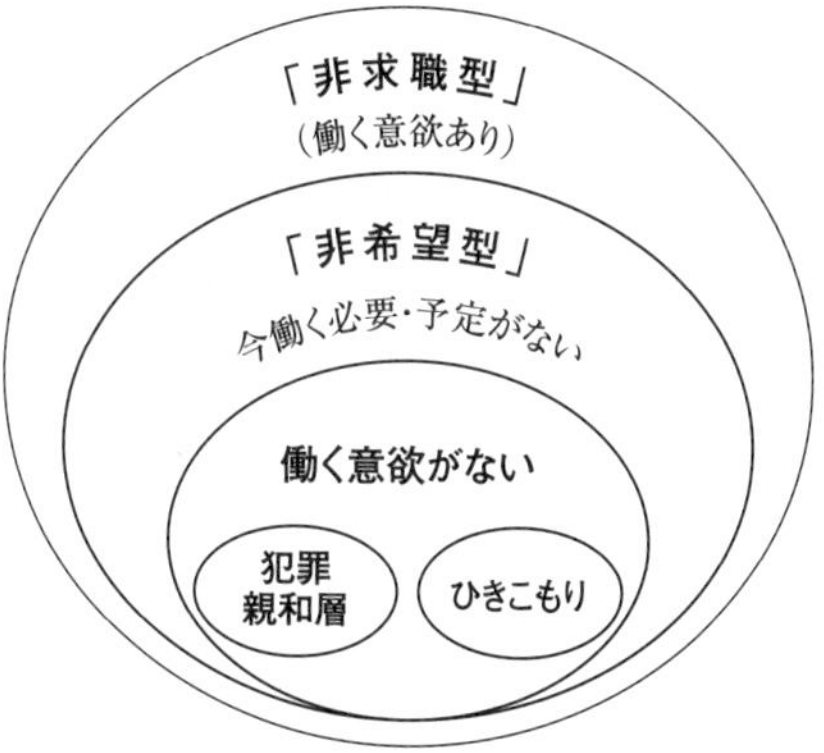

するかにもよりますが、『青少年の社会的自立に関する意識調査』データを分析してみると、「ニート」の中で「まったく」ないし「ほとんど」外出しない者、あるいは「普段一緒に遊んだり連絡する友人はいない」者はそれぞれ約一割にすぎないのです(内閣府『青少年の就労に関する研究調査』報告書・第Ⅲ部を参照)。

またもうひとつの小さいコアとして、社会経済的にかなり低い階層の出身で、犯罪的・逸脱的な行動との親和性が高いような若者がいます。ここでは仮に「犯罪親和層」と呼んでおきます。

このように、まず「ニート」の内部だけに注目すると、図Aのようなイメージで理

図B　「ニート」+それ以外の若者を加えた図

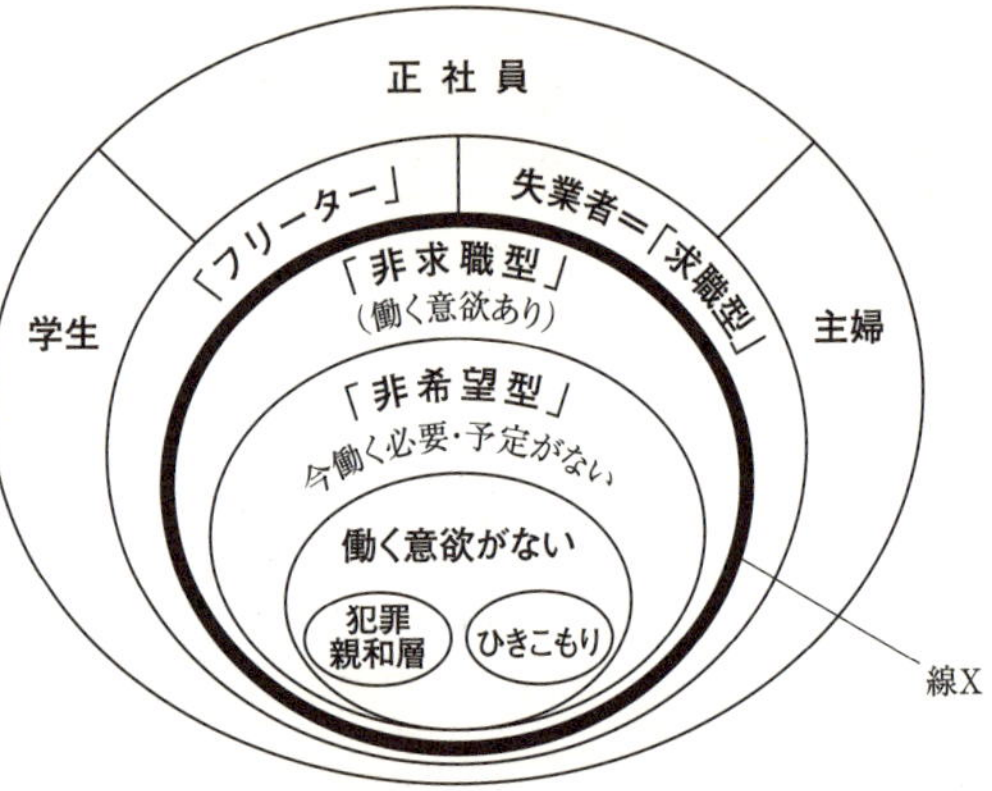

解することができます。

この「ニート」についての図Aの外側に、さらに「ニート」以外の若者を描き加えたものが、図Bです。「ニート」以外の若者の中で、「ニート」にもっとも近接した存在と考えられるのは、まず、非典型雇用に就いている「フリーター」です。そして、働いていないという意味では「ニート」と同じ無業ですが、職探しをしていることによって「失業者」、あるいは内閣府の報告書では「求職型」と呼ばれている人たちも、「ニート」の近くに位置づけられます。

そしてそのさらに外側に、特に問題視されていない人たちとして、正社員や、主婦や、学生が位置しています。

「ニート」という線引きの三つの欠陥

さて、この図Ｂのように若者全体を整理してみると、最近の若年就労問題に関する語り方には大きな欠陥があることが改めてわかります。最大の欠陥は、「ニート」という言葉が登場したことによって、若者の中に線Ｘ（図Ｂ参照）による区分がもたらされたことです。「ニート」は働いておらず、かつ働くための行動をとっていないというところから、この位置に非常に太くはっきりとした線が引かれ、この線の内側と外側とを区別する形で議論がなされるようになったのです。

このような、「ニート」かそうでないか、という若者の区切り方になぜ欠陥があるかというと、その理由は大きく分けて三つあります。

まず第一の理由は、線の外側と「ニート」との関係に関わることです。先に述べた通り、実は「非求職型」すなわち仕事に就く意欲はあるが行動をとっていない層というのは、そのすぐ外側に接する位置にある失業者や「フリーター」の層と、本当は同種で連続的な層——同じような原因から生み出され、同じような困難な状況に直面している層——として、捉えられるべきである（図Ｃの中の網掛けの部分）にもかかわらず、両者を分断するような議論

図C　共通性の大きい層を分断する線X

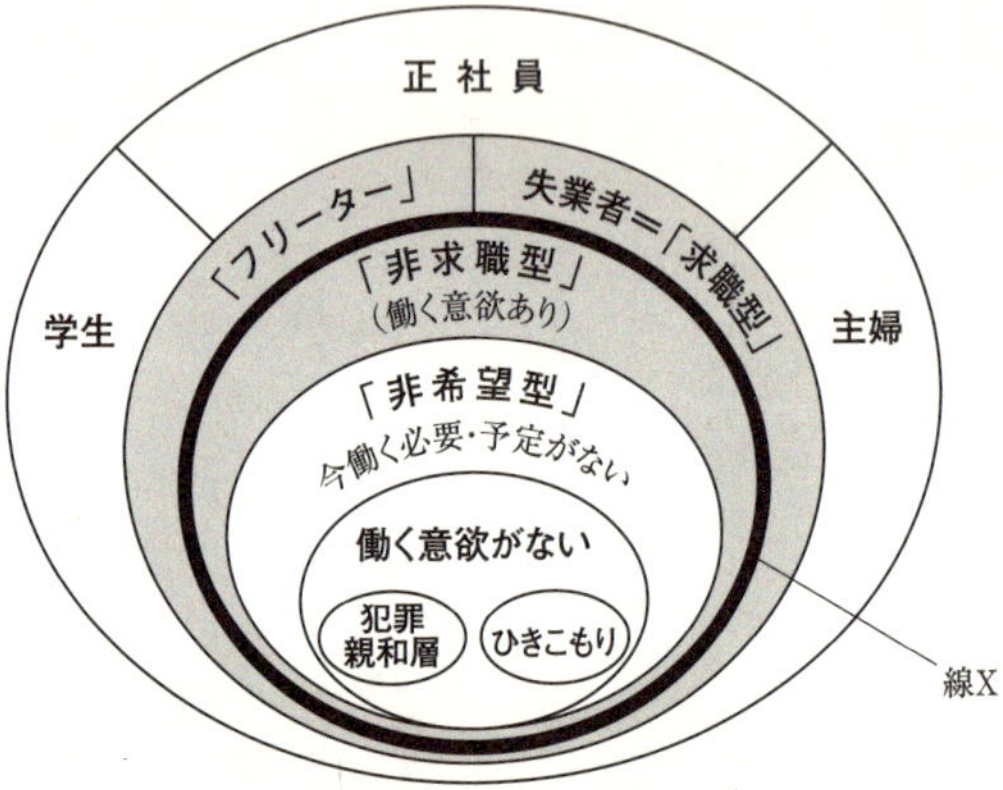

が生じたということです。

たとえば玄田有史氏は、『ニート』の中で「フリーターは問題じゃない」（二四一頁）と述べ、「フリーター」と「ニート」の間にはっきりと線引きをした上で、「ニート」の重大性のみを強調しています。しかし実際には、「フリーター」も失業者も「非求職型」の「ニート」も、安定した就業機会の不足という、同じ背景から生み出された、共通性の大きい層なのです。この三つのグループの間をぐるぐると行ったり来たりしている層も相当多いと考えられます。その意味で、現在働いていない、仕事を探していないということだけに着目する「ニート」という区切り方は、現実を認識

図D　議論から抜け落ちる「働く必要のない層」

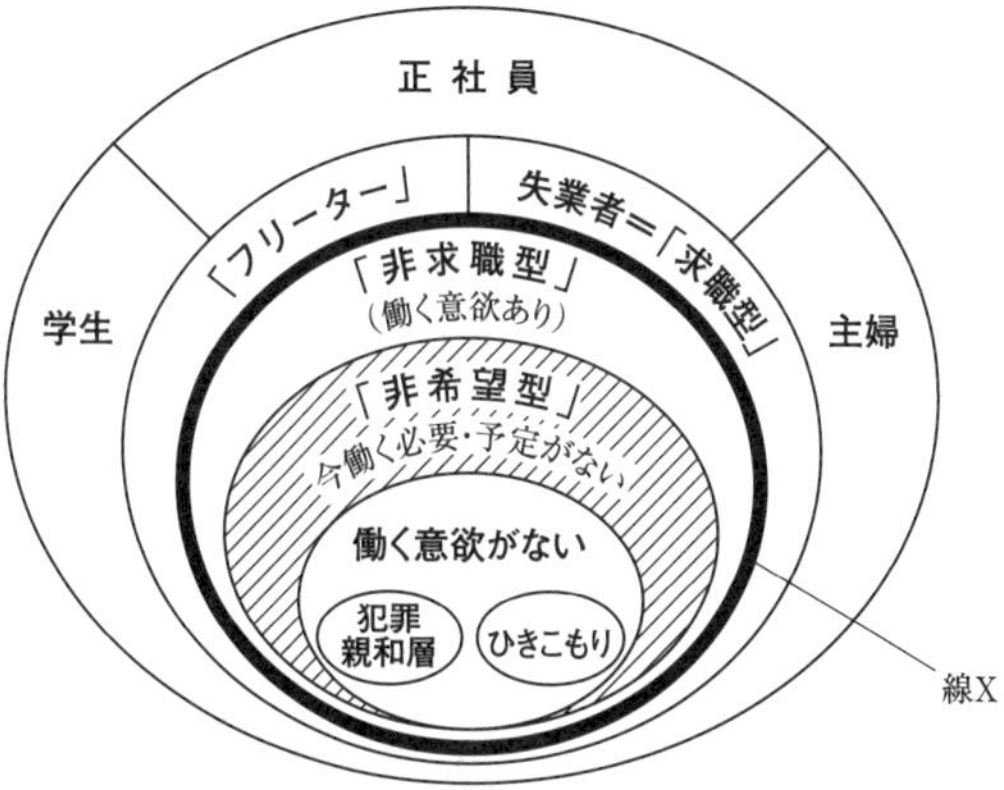

する道具として適切ではないのです。
そして「ニート」という区分が問題である第二と第三の理由は、「ニート」の内部に関わることです。まず第二の理由とは、「今とりあえず働く必要や予定がないから、働かないし、働こうともしていないし、働く意欲もない」という人たちの存在が、議論からはすっぽりと抜け落ちているにもかかわらず、「ニート」の規模を推計する際には彼らも算入されているということです(図Dの中の斜線の部分)。
今とりあえず働く必要や予定がない人には、たとえば、教育機関への入学(大検による大学入学、社会人大学院や専門学校での学び直しなど)を予定している人や、海外留学の準備をしている人なども含まれます。彼らは、これからまず勉強をし直すことを考えているのですから、とりあえずはすぐに働き始める必要がない人たちです。

あるいは、この層の中で一定の比重を占めると思われるのは、「家事テツ」と呼ばれるような「いいとこのお嬢さん」や、アパート経営など不動産を持っているような家庭の「道楽息子」——これは内藤朝雄さんの言葉ですが——など、つまりかなり裕福な家庭の子弟です。

また、結婚を控えている女性ですとか、お母さんが亡くなって一家の主婦代わりを務めている女性、あるいは重い身体障害を抱えていて就労が現実的に不可能であるような方もここに入ってきます。そのような方々は、実際には社会の中に相当数存在しているにもかかわらず、「ニート」に関する議論の中ではほとんど黙殺されてしまっています。

最近は、インターネット上の株取引などで生計を立てている人々を表す「ネオニート」というような言葉も出てきて、働かずに収入を得ているような人が少しは注目を浴びています。けれども総じて、「働く」ということに従事しておらずまたその意欲や予定がなくても、ごくまっとうに社会の中で生きている人たちの存在について、「ニート」全体が線Xの内側でひと括りにされてしまったことによって、無視される結果になってしまったのです。「働こうとしているか、いないか」ということを、あたかも人間に対する絶対的な評価基準である

図E　「ニート」全体に敷衍される強いマイナスのイメージ

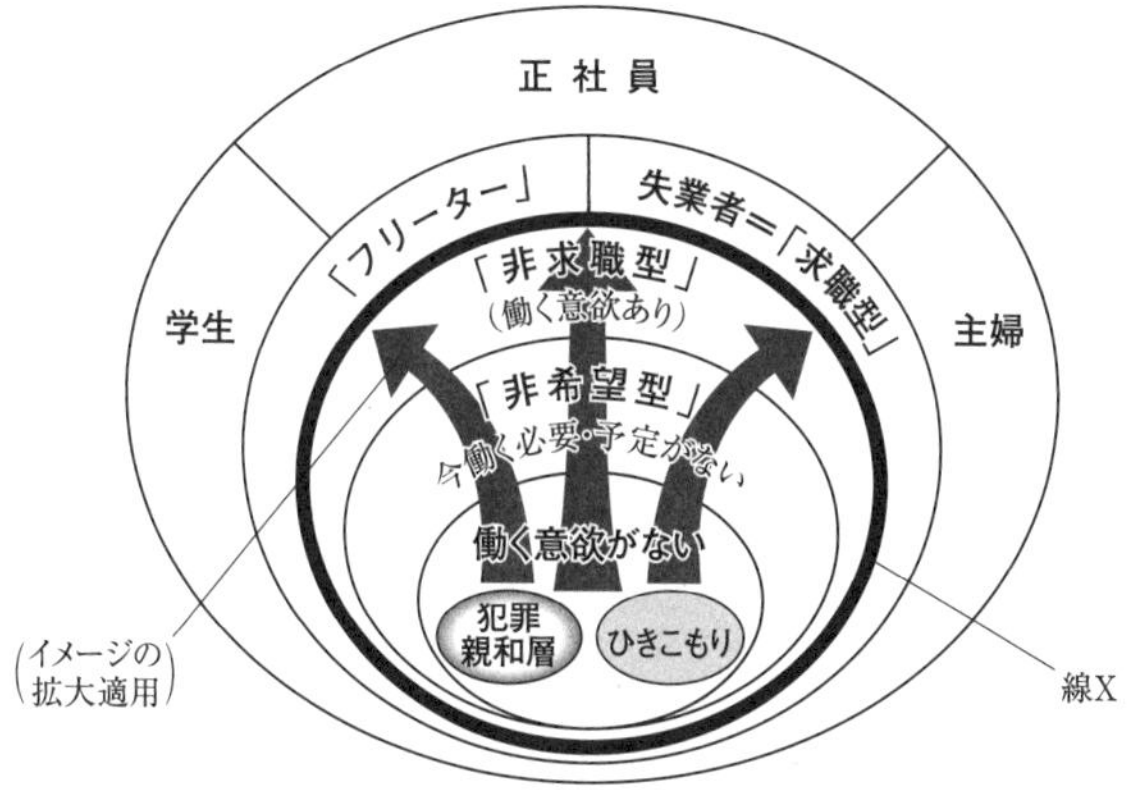

かのようにみなし、若い人々がそれぞれ個別の諸事情の中で生きていること、そして最近ますます多様なライフコースをたどるようになっていることへの想像力を欠いた議論が横行しているのです。

そして「ニート」という区分がもつ第三のさらなる問題は、ただひと括りにされただけでなく、その中のごく一部のコアにすぎない「ひきこもり」や「犯罪親和層」のことがイメージ的に非常に拡大適用されて、あたかもこれらが「ニート」の全体に当てはまるかのように議論されているということです。このコアの人たちは、特徴的で目立つ存在であるがゆえに、数が少なくても、たとえば何かの事件を起こしたりすると大きく報道されて、人々の意識の中に強い残像を残します。そのために、この人たちの歪曲された像が「ニート」全体に敷衍《ふえん》されてしまったのだと思われます（図Eの中の矢印）。

若い人たち自身に聞いてみても、「フリーター」に関しては共感を持っていても、「ニート」に対しては「ペット以下だ」というような言い方——これはある女子高生の言葉です——で、きわめて軽蔑し嫌悪するような感覚をもっている場合が珍しくないようです。その「ペット以下」という表現は、意欲がなくて、暗くて、澱《よど》んでいて、何もできなくて……というような「ニート」のイメージが蔓延しているからこそ出てくるものです。

「ニート」という言葉が口にされる際に、失業者や「フリーター」にきわめて近い「非求職型」や、あるいは状況的に働く必要や予定がなくて働いていない層の存在は、「ひきこもり」の通俗的なイメージの強さゆえに、すっかり吹き飛んでしまっているのです。ごく一部のコアの部分のネガティヴなイメージだけが、「ニート」と定義される若者全体に当てはめられる形で、人々の社会意識の中で定着してしまっているのです。

少なくともこの三つの理由により、「ニート」という言葉が登場したことによって現れた、若者の中の仕切り線（線X）には重大な欠陥がある、と言いたいのです。「ニート」に含まれる人たちのリアルな実際の状況を具体的に検討してみると、「ニート」という括り方は、彼らの現状を捉える上で、あるいはまた政策的な対処を考える上で、有効性よりは弊害の方がはるかに大きいと思われます。本来であれば、まったく異なった扱い方をされるべき若者たちが、いわば出来の悪い入れ物に一緒くたに入れられてしまっているのです。

「ニート」騒ぎの陰で見えなくなる「労働需要側」の問題

有効性がないだけならましですが、「ニート」という言葉は重要な弊害をも伴っているために、どうしても放置することはできません。その弊害とは、「ニート」ということがあまりに喧伝《けんでん》されることによって、その陰にかくれて見えなくなってしまう重要な問題があるということです。これは先に「量」の問題について述べたことに、再びぐるっと回って帰ってくることにもなるのですが。

すでに述べたように、「ニート」という概念は、本家イギリスでは一六～一八歳のごく若い層に限定され、かつ失業者も含むものとして使われています。しかし、それが日本に輸入されるときに、なぜか年齢幅が一五～三四歳にまで大きく拡張されて、しかも失業者（「求職型」）が除外されます。

年齢層が広げられたことについては、おそらく、それ以前に「フリーター」に関する研究や議論がありましたので、それらに準じて「フリーター」と同じ年齢層で「ニート」を推計したり議論したりすることになったのでしょう。また、失業者が除外されたことについては、すでに若年失業者に関する議論はある程度存在している、ということから、これまでは議論の俎上《そじょう》に上ってこなかった、より不活発で就業意欲のない層に着目しよう、という意図が当初からあったのだと思われます。

このように、「ニート」という言葉が日本に導入された段階で、定義的に失業者が除外されたことがきわめて問題なのです。求職行動をとっている人が、なぜか日本版「ニート」の中には含まれていないがゆえに、その定義からして必然的に、「働く意欲がない人」というような日本独自の「ニート」のイメージが普及してしまったのです。もし「ニート」に当初から失業者が含まれていれば、現在はびこっているような「ニート」論は成立しなかったはずです。なぜなら失業者という存在は、本人は仕事に就こうとする積極的な行動をとっていても就けていないわけですから、失業者を論じる際には当然、「なぜ仕事のポストがないのか」、「なぜ企業は人を採ろうとしないのか」という問い、すなわち労働需要側（企業側）のあり方への問いにつながらざるをえないからです。

つまり、もし若年失業に焦点を当てていれば、労働需給の客観的構造自体が注目され、労働需要を刺激し回復するための方策として何が可能なのか、という方向で取り組みが進められていたはずです。それが今や、失業者を定義上除外している日本版の「ニート」ばかりが強調され、「働こうともしていないんだから、本人が悪いんだろ」というような言われ方をすることによって、労働需要側の問題ではなく、労働供給側である若者の自己責任にすべてが還元されるような風潮が支配的になっているのです。

これについてとても残念に思うのは、実は「ニート」という言葉が流行り始める直前の時期には、若年就労問題の最大の要因はやはり労働需要側にあるという認識が、地歩《ちほ》を得つつあったということです。典型的なのは、二〇〇三年に内閣府が刊行した『平成一五年度版国民生活白書』における認識です。

この白書の中では、「フリーター」問題は企業が若者、特に新規学卒者の採用を抑制したことから生じており、一番重要な原因は企業側にある、と言い切っていました。採用がきわめて抑制されているので、若い人たちが希望するようなポストに就くことができず、元気をなくし始めている。そしてその元気をなくし始めた若者をみて、企業がさらに採用意欲をなくす……という風に、悪循環のスパイラルが生じているという見解を示していたのです。

こうした見方は、きわめて妥当な認識です。重要なのは、政府の白書が公式にこのような見解を示したということです。それを見て私は、これはいい方向に向かっている、こういう認識が現れたということは、労働需要側への働きかけがなされずに済むわけがない、と思っていました。それが二〇〇三年の中ごろです。

ところが、この『国民生活白書』が出たあと、あれよあれよという間に、本章の冒頭で述べたような「ニートキャンペーン」が始まったのです。それによって、せっかく労働需要側に世の中の目が向きかけていたものが、また若者側の問題へと関心がぐーっと引き戻されてしまったのです。このような経緯を、私は非常に悔しく思っています。

「ニート」という言葉を世に出した人たちの意図

ではなぜこの時期に、「フリーター」から「ニート」へと議論が転換することになったのでしょうか。

二〇〇四年以降に、「ニート」論のいわば絨毯爆撃のようなものが生じたことは、すでに本章の冒頭で述べました。それを牽引《けんいん》してきたのが、小杉礼子氏と玄田有史氏であるということは誰の目にも明らかです。小杉氏は私が研究員としてＪＩＬに勤務していた頃の元上司、玄田氏は私の現在の職場における同僚であるとともにＪＩＬとも関わりが深い方です。私はどちらもよく存じ上げていますし、いろいろお世話にもなってもいます。ですので、私は今、とても複雑な心境であり、また微妙な立場にも置かれているのです。

二〇〇三年頃のＪＩＬは、「フリーター」に関する一連の調査研究成果を立て続けに発表し終えた直後の時期にあたり、それ以後に新しく取り組む研究対象として「ニート」に視線が向いたのだと思います。特にＪＩＬは二〇〇三年一〇月に独立行政法人化してそれまでの日本労働研究機構から労働政策研究・研修機構へと名前が変わります。独立行政法人になると、組織の存在意義や業績に対して厳しい点検・評価が加えられますので、世の中で注目を浴びるような研究成果を出さなければならない、という圧力が高まります。そのような時期において、「ニート」というテーマは格好の素材だったのです。

こうした中で、二〇〇三年から二〇〇四年にかけての時期には、私は小杉・玄田両氏が「ニート」に傾斜してゆかれる過程を、かなり腰が引けた態度で傍観していました。「あ、なんで彼らはこちらに話をもっていくのだろう、ほんとうにそれでいいのだろうか」と漠然と思いつつ、実は私はこの時期には自分の博士論文――それを書籍として刊行したものが『若者と仕事』（東京大学出版会、二〇〇五年）です――の執筆で手一杯のような時期でしたので、自らは「ニート」関連の動きには深く関わらず、やりすごしていたような感じでした。

ただ、疑問はもちながらも当時は、小杉・玄田両氏が主張するように、「ニート」が「フリーター」や失業者よりも大きな困難を抱えているのであれば、それなりに注目に値するのかもしれない、とも思っていました。

確かに、「ニート」研究が、「フリーター」研究の発展・深化として進められたという側面はあるのです。たとえば小杉氏は、『AERA』（二〇〇五年六月二〇日号）の取材に対して、「若年者の失業対策を、いくらやっても届かない層がいた。高校を中退してしまえば、ヤングハローワークの存在も知らされないし、就職情報も届かない。そういう層を意識しないで政策を展開しても意味がないと気付いたんです」と発言しています。この発言には、「ニート」に対する小杉氏の着目が、政策研究者としての誠実な姿勢に根ざしていたことが表れています。

ところが、その後の「ニート」論の急激な広がり方を見ますと、小杉・玄田両氏がもともと意図していなかった方にまで、「ニート」という言葉が濫用されるような形で、世論が作り上げられてしまった面があります。ただそれと同時に、玄田・小杉・JIL編の『子どもがニートになったなら』という新書（NHK出版）が二〇〇五年七月に刊行されるなど、彼らも「ニート」ブームの波に乗ってキャンペーンを盛り立てるようにふるまってきたことも確かです。

そして私は、こうした動向に対して、もはや座視しているわけにはいかなくなってきたのです。

金づるとしての「ニート」

その後は、「ニート」という言葉が帯びるいわばおどろおどろしい響きが自己運動を始め、社会や政策担当者から「ニート」への強い関心が広がったことはすでに述べた通りです。それは「お金の流れ」にも影響しました。「ニート利権」のようなものが非常に有効に機能してしまって、たとえば、今まで「ひきこもり」への支援を細々とやっていたような団体が、「ニート」支援を謳《うた》いはじめたとたんに、お金が降りてくるというようなことが起きているのです。「ニート」と「ひきこもり」の合流という現象は、このように支援団体という面でも生じているのです。

その典型が、二〇〇五年度から政府の若者支援政策の一環として開始された「若者自立塾」です。これは、「合宿形式による集団生活の中で、生活訓練、労働体験等を通じて、職業人、社会人として必要な基本的能力の獲得、勤労観の醸成を図り、働く自信と意欲を付与する」ことを目的とするものとされています。二〇〇五年の末という時点では、全国で二〇カ所のNPO法人が選定されてすでに活動を開始していますが、そのような団体には政府から予算がついているのです。

玄田有史氏は、精神科医である斎藤環《さいとうたまき》氏との対談の中で、「実際、『ニート支援産業』は将来的にビジネスとして成り立つと思うんです」（斎藤環『「負けた」教の信者たち』中公新書ラクレ、二〇〇五年、二四六―二四七頁）と発言しています。「ニート」への支援を「産業」、「ビジネス」として成立させ、そこに家計や国庫から資金を流そうとする考えを玄田氏は露《あらわ》にしています。

「ひきこもり」に対する充実した支援が必要であることについては私も同意します。しかし、「ニート」の中で、納得できる仕事さえあれば働きたいと考えている人たち（「非求職型」）に対して、「ひきこもり」の人たちに対するものと同種の対策――「若者自立塾」でうたわれている「勤労観の醸成」など――がなされることは不適切です。そうした間違った「産業」が肥大し、その種の「支援」を必要としていない人たちまでが対象として包摂《ほうせつ》されてしまい、無駄な資源がそこに大量投入されかねないことを私は危惧します。

ほんとうに取り組まれるべきことは何か

いまや、「ひきこもり」イメージをかぶせられた「ニート」という言葉が、あまりにも大きな影響力をもつようになってしまったことにより、本章で述べてきましたように、大きな問題状況が生じていると考えます。若者の現実とかけ離れた議論や施策が世の中に蔓延しているのです。こうした状況に対して、もう歯止めをかけなければならない時期が来ていると思います。

そして、「ニート」という括り方ではない、より若者の実態に即した区分け線を用いながら、ほんとうに有効な施策を講じていく必要があると私は考えます。

それでは、具体的にはどのような方策が必要なのでしょうか。それについては、章を改めて論じたいと思います。

第2章　若者に対して真に必要な支援は何か

誰が支援を必要としているのか

第1章で私は、「ニート」という切り口から現在の若者のあり方や若年就労問題を議論するのはやめよう、と主張しました。

でもそれは、今の若者が何の困難にも直面しておらず、それゆえに放置しておいていい、と主張しているのではありません。「ニート」ではない、ただしい区分け線を導入して、それぞれの若者につきつけられている困難に応じた適切な施策が講じられるべきだ、と主張しているのです。

それでは、現在の若者の中で、特に支援を必要としているのはどの層でしょうか。ここで、

第1章で用いた図A～図E、その中でも特に図Cと図Eを、もう一度思い出していただきたいと思います。これらの図の中で、支援を必要としている若者は大きく二つに分けて捉えることができます。

その一つは、図Cの中で網掛けをした部分、つまり「非求職型」の「ニート」と「フリーター」、失業者（「求職型」）が入ってくる部分です。この人たちの直面している困難は、まさに就労機会の問題です。この人たちの中には、できれば安定した形で働きたいという志向を持っているにもかかわらず、それを実現できていない人たちが多いからです。彼らをここでは、あくまで仮の呼び名として、「不安定層」と呼んでおきます。

もう一つは、図Eで示した、「ニート」のコア部分に位置づけられる、仕事という面ではもっとも意欲を欠いた不活発な層です。ここにはさらに、中産階級のホワイトカラーの子弟に多いといわれる「ひきこもり」と、それよりも相対的に低位の階層に多く逸脱的な行動への親和性の強い、いわゆる「犯罪親和層」が含まれます。

この両者（「ひきこもり」と「犯罪親和層」）は、階層的出自や日常行動が異なりますので、本来はひとまとめにして考えることはできません。ただ、私自身のこれまでの研究経歴上、本章で中心的に取り扱うことができる対象は先の「不安定層」ですので、あくまでそれと対

図F　別種の困難を抱える「不安定層」と「不活発層」

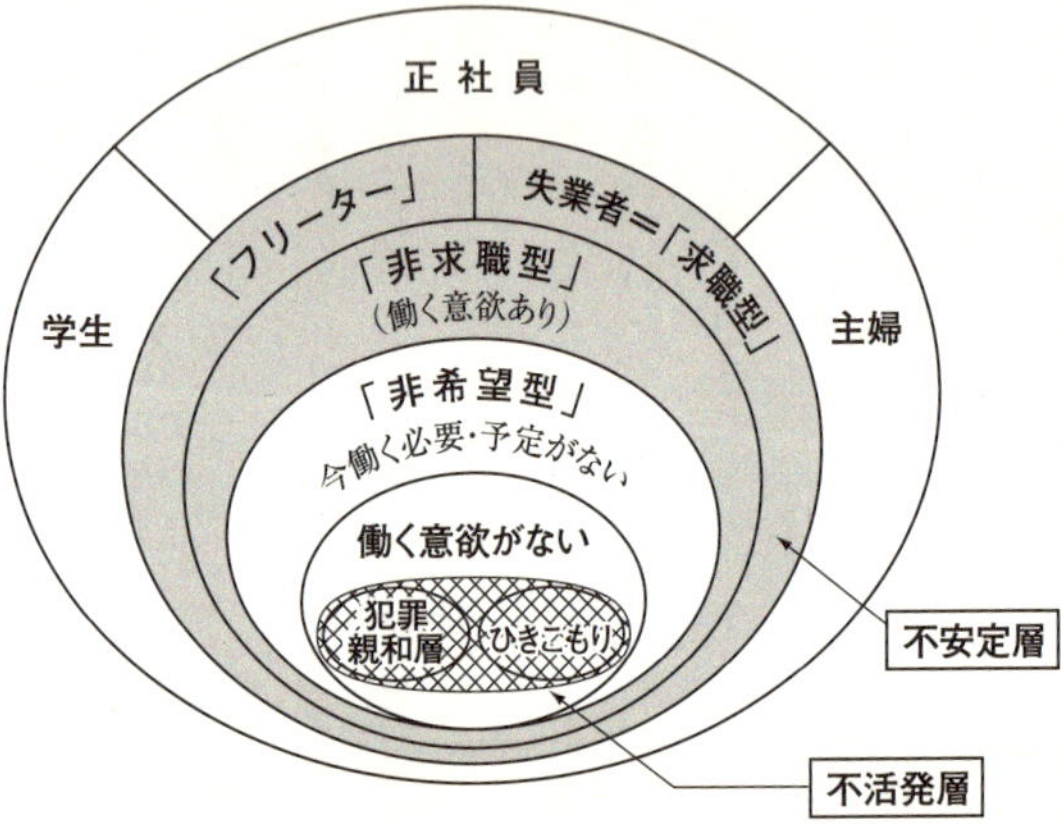

比するという便宜的な目的から、この層を「不活発層」と仮に呼ぶことにします（図F）。

「ニート」という言葉を使ってしまうと、この「不安定層」と「不活発層」はごっちゃにされてしまいます。でも、この両者がそれぞれ抱える困難は別種のものである、ということを私は主張します。またそれだけでなく、「ニート」の中には先の図Dの斜線部分で示した、特に政策的対応の必要ない人々も含まれています。であるからこそ、「ニート」という言葉はあまりに不適切で使いにくい概念なのです。私はその中で対応が必要な人たちを、「不安定層」と「不活発層」に分けて把握する必要があると考えるのです。

「不安定層」への支援策については後で詳しく述べることにして、その前にまず「不活発層」についてどのような特徴が見出され、それに対していかなる対応が求められているかについてお話ししましょう。

ただ、私はこれまで「不安定層」に関する調査研究を主に行ってきましたので、「不活発層」に関する私の知識や理解は限定されています。その範囲ではありますが、「不活発層」について私が考えていることを以下に述べます。

もっとも不活発な層の特徴――「負の連鎖」

先に述べました通り、「不活発層」のコアには少なくとも「ひきこもり」と「犯罪親和層」という異質なグループが含まれています。前者は孤立的で、自分自身の中に閉じこもって深く考え込むようなグループであり、後者は仲間とつるんで町を闊歩《かっぽ》し、暴力や違法行為にも手を染めがちなグループです。後者には「不活発」という言葉はそぐわないように思われるかもしれません。実際、先に述べたように、本来はこの両者を一緒に論じることはできません。

ただ、具体的な行動パターンや意識、家庭背景などが異なっていても、この両者に共通点が見出されないわけではありません。その共通点を、あえてひとことで言うならば、「これまでの人生経験の中で『負の連鎖』に巻き込まれた若者」ということになります。

「負の連鎖」というのは、たとえば最も典型的なパターンを思い描いてみるならば、家庭に不和や不幸、無理解あるいは貧困などの条件があったために、学校で「明るく前向き」にふるまえなくなり、その結果として友人関係もうまくいかなくなり、勉強にも熱心になれず、さらにその結果、学校を中退してしまい、そのような経歴では社会や職場で受け入れてもらえないだろうと投げやりになってしまう……というようなケースです。

当然ながら、そうした本人にとっては、自分をそのような苦しい目に遭わせる周囲の「社会」に対して、違和感や疑問、不信や不満、反発や憤りなどを強く感じざるを得ないでしょう。このようなプロセスの果てに、人間関係のネットワークを失って孤立してしまうのが「ひきこもり」、自分と同じタイプの若者と一緒に行動し始めて街でエネルギーを発散するのが「犯罪親和層」というように、ごく単純化した形ではありますが、一応は理解できると思います。

このことはデータからも透かし見ることができます。第1章で触れた、内閣府の報告書における私の分析では、「純粋無業」と名づけたもっとも不活発な層において、離別や死別、家計の厳しさ、不登校、教育機関の中退などを経験した比率が相対的に高くなっています。「純粋無業」は「ひきこもり」や「犯罪親和層」と一致するわけではありませんが、ある程度それに近い層であり、そこにはこうした「負の連鎖」に合致する特徴が観察されるのです。

このような「負の連鎖」に巻き込まれた若者は、今の労働市場のきわめて高い選抜基準の前で、はじき飛ばされてしまいがちです。若者の中の「不活発層」は、こうした状況の中で苦しい事態に追い込まれている層だと考えられます。

「不活発層」への対応

この「不活発層」への対策としては、「負の連鎖」が深まる前の予防と、それにすでに巻き込まれてしまった人への支援という両面が必要です。

予防という面では、この層に入り込んでしまう恐れの大きい一部の若者層をターゲットにした施策が必要です。一部の家庭では、精神的にも経済的にも子供のケアをする余裕がなかなかありません。親が悪いというのではなく、生活を維持していくだけで精一杯である場合も多いからなのですが、そういった家庭では経済面・文化面・ネットワーク面などさまざまな点でリソースが少ないのは確かです。その結果として「負の連鎖」に巻き込まれるリスクが高い子に対しては、その存在を見つけてあげて、できるだけ早い時期からサポートする必要があると思います。

その存在を見つけることは難しいですし、見つけようとするあまりに全体的な監視や「詮索」が過剰になることも問題なのですが、たとえば学校の中でそうしたリスクのある子がいた場合には、親代わりの相談相手となれる年長者をチューターとして配置するなどの試みができると思います。

また、すでに予防という段階をすぎて、「負の連鎖」の深い部分に入り込んでしまった若者に対しては、矯正ではなく力づけるための手厚い支援が必要です。彼らに対しては、就労と直結させるような施策ではなく、もっと根底からの自己回復を手助けするような取り組みが必要になってくると思われます。

たとえばヨーロッパでは、アート製作などの活動を通じて自己表現できる場を設けることが、このような層を元気付けるために有効であるという報告もあります。軍隊を思わせる規律訓練ではなく、失われていた笑顔を引き出すような方向でのじっくりした対応が必要だろうと思います。それを実施する場としては、やはりＮＰＯに期待してしまいがちですが、財政基盤が脆弱で主宰者の考え方によって対応の内容が大きく異なるＮＰＯよりは、むしろ国や地方自治体がきちんと長期的・安定的に引き受けるべき課題であるとも考えられます。

「不安定層」が増大した要因

ここまでは「不活発層」についてごく簡単に述べてきました。しかし現在の若者の中で、量的に「不活発層」よりもはるかに大きな規模を占めているのは、もうひとつのグループである「不安定層」です。復習しますと、「不安定層」とは、本人に就労意欲があるにもかかわらず、安定的な就労機会を得ることができていない若者たちであり、具体的には若年失業者、「フリーター」（非典型雇用従事者）および就労意欲のある無業者（「非求職型」）から構成されています。

この「不安定層」の定義に該当するのは、内閣府の『平成一五年版　国民生活白書』の定義による広義の「フリーター」です。ここには、「パート・アルバイト」、失業者、就業意志のある無業者（男性の場合は既婚者を含む）が含まれています。この白書の「フリーター」数推計を「不安定層」の人口規模と読み替えると、それは二〇〇一年時点で四一七万人、一五～三四歳の若者の約九人に一人（一一・一％）、この年齢層から学生と主婦を除いた若者の中では約五人に一人（二一・二％）までを占めるにいたっています（資料2）。つまり彼らはもはや全然マイノリティではなく、若者の中で大きな存在感を持つ一つの層を形成しているのです。

それでは、なぜ「不安定層」がここまで増えてきたのでしょうか。それを考えるためには、まず彼らが増加する以前の日本の若年労働市場のあり方にまでさかのぼり、その上で何が変化したのか、何が変化していないのかを、改めてきちんと整理しておく必要があります。

一九九〇年代初頭までの構造――「学校経由の就職」＋「教育の職業的意義」の欠如

一九九〇年代初頭までの日本の若年労働市場には、他の先進諸国と比べてみると、次の二つの大きな特徴があります。

特徴の第一は、ほとんどの若者が学校に在学している間に就職活動を行い、卒業と同時に正社員として働き始めていたことです。就職先を決める際には、学校から企業を斡旋《あっせん》・紹介してもらい、学校に推薦してもらって応募するようなケースも多くみられました。

このような学校による就職先の斡旋や推薦は、それぞれの学校と企業との間に長年つちかわれてきた、就職―採用に関する「実績関係」を基盤としていました。学校と企業との間の

資料2　年々増加するフリーター

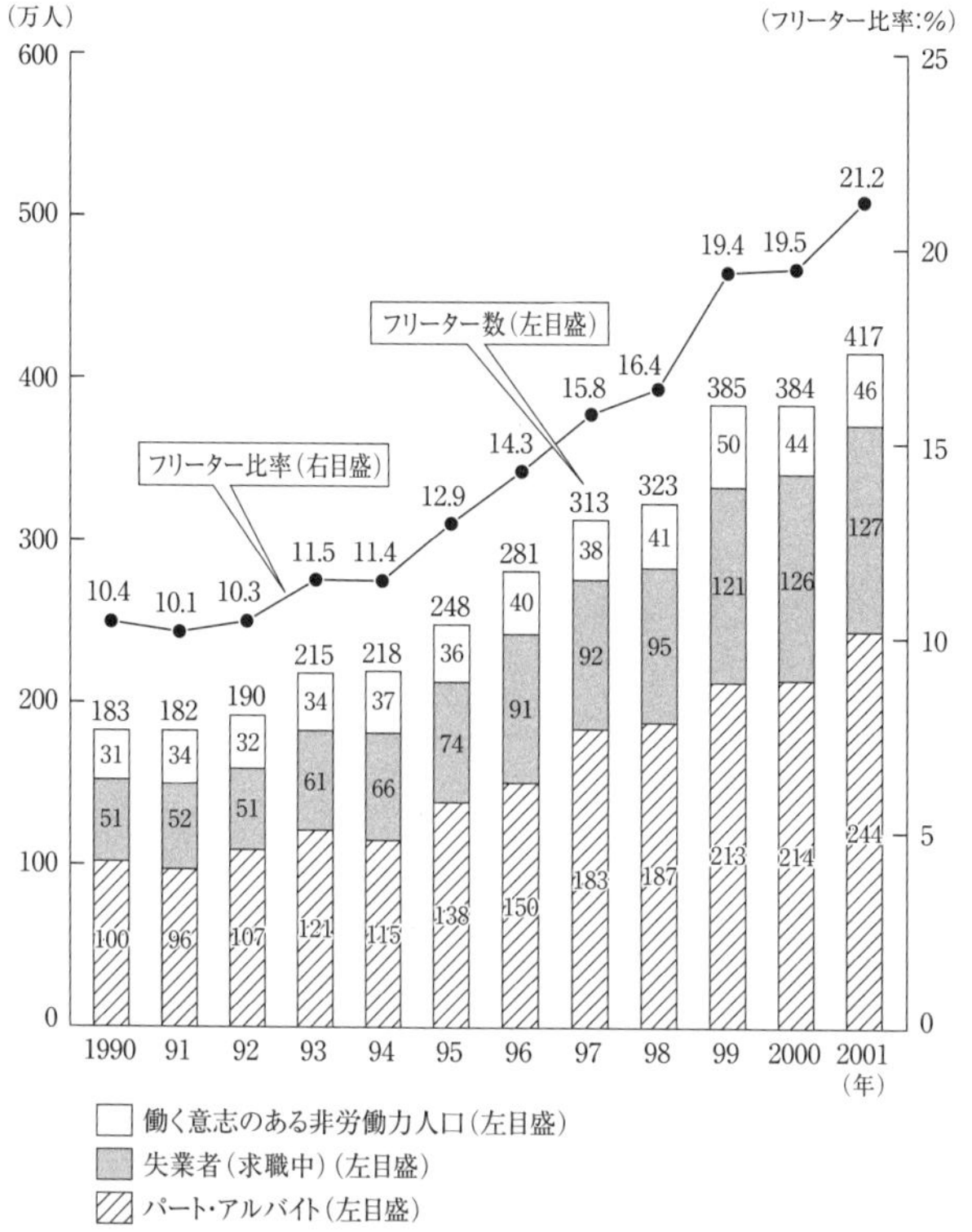

出所）内閣府『平成15年版　国民生活白書』より

（備考）　1.総務省「労働力調査特別調査」により作成。
2.「フリーター」とは、学生、主婦を除く若年のうち、パート・アルバイト（派遣等を含む）及び働く意志のある無職の人。
3.「フリーター比率」とは、学生、主婦を除く若年人口に占めるフリーターの割合。
4.対象は、15歳〜34歳の人。

組織同士のつながりに支えられながら、若者が学校を出たあとすぐに正社員として仕事をし始めるということが、高度経済成長期以降の日本の若年労働市場の大きな特徴だったのです。ここではこの特徴を、「学校経由の就職」と呼ぶことにします。

また、日本の若年労働市場の第二の特徴は、今述べた「学校経由の就職」に際して、若者自身が身につけている職業的な知識や技能が、仕事に就くときの基準として大きな意味をもってこなかったということです。「学校経由の就職」において若者と仕事を結びつける主な基準は、学歴や学校歴、基礎学力、あるいは「やる気」や「人物」など、抽象的・一般的で漠然としたものでした。具体的な個々の仕事の内容と、若者の職業上の能力とをマッチングさせるべきであるという考え方は、日本ではとても弱かったのです。

そのことは、学校の中で若者に職業面で役に立つ知識や技能を身につけさせるべきだ、という発想がとても希薄だったことと切り離せません。日本では、若者に仕事上の能力を与え、高めるための学校制度やカリキュラムを、きちんと設計するという努力が、社会全体として不十分だったといえます。言い換えれば、日本では「教育の職業的意義」が欠けたままの状態が長く続いてきたのです。

このことは、日本を含む一一カ国の若者に対して、自分が経験した学校教育にどのような

資料3　学校教育の意義として「職業的技能の習得」を挙げた比率（国別・最終学歴別、「第6回世界青年意識調査」）

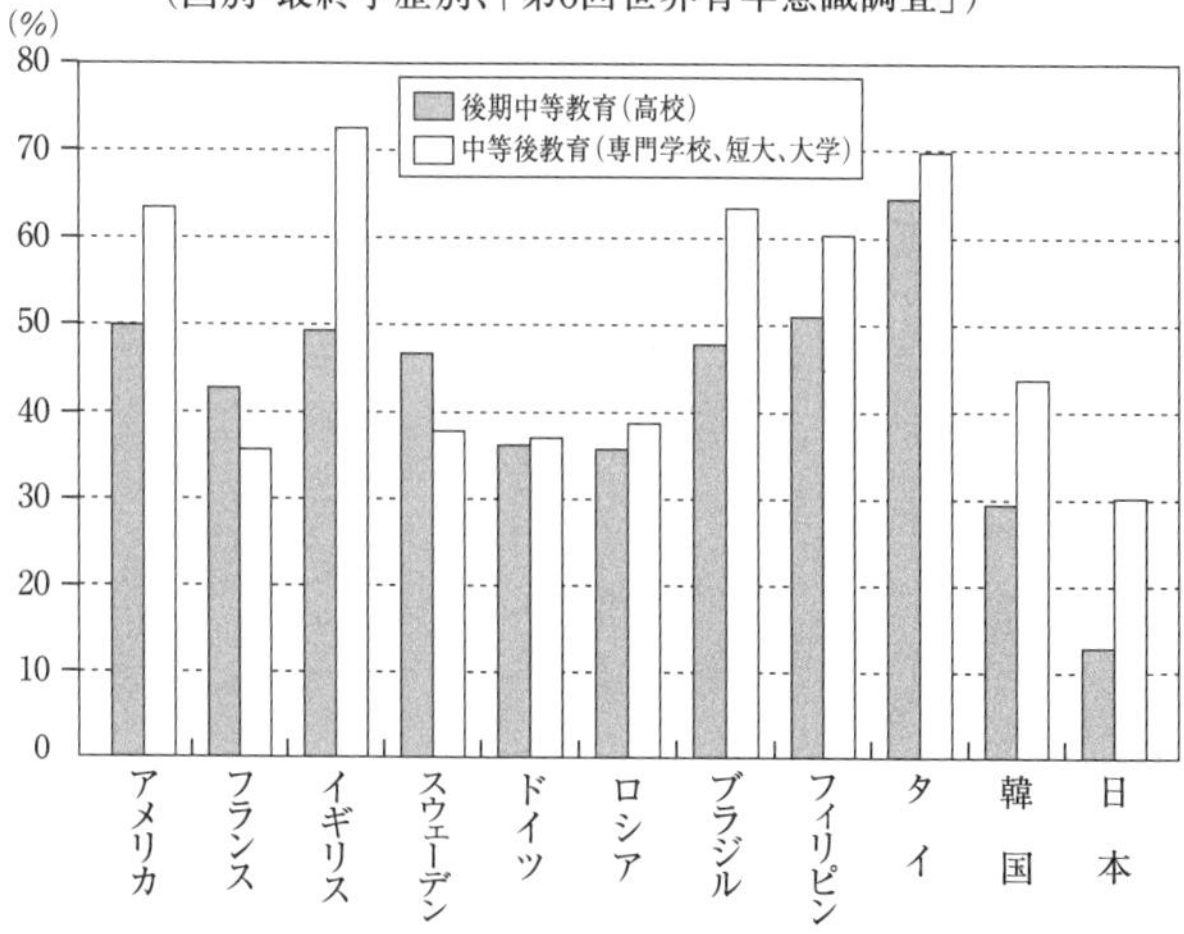

意義があったかをたずねた調査結果が明らかに示しています（資料3）。図に見られるように、学校教育に「職業的技能の習得」という面で意義があったと答えた若者の比率は、後期中等教育（高校）卒業者、中等後教育（専門学校・短大・大学）卒業者のどちらについても、調査対象国の中で日本が最低レベルなのです。

このような「教育の職業的意義」の低調さは、先ほど述べた「学校経由の就職」と表裏一体の関係にあります。一九九〇年代初頭までの日本の若年労働市場では、「学校経由の就職」が広く成立していたので、「教育の職業的意義」などなくても、若者が仕事の世界に入っていく上で、大きな問題が生まれることはなかったのです。企業は学校に対しては「職業的意義」ある教育を期待せず、「学校経由の就職」によって確保した人材を、自前で育て上げていました。職業能力をすでに身につけている人材を、それに合った仕事に就けるのではなく、とにかくまず組織の中に所属させて、その後で実際に仕事を行える力を、ある程度長期間かけて育成していたのです。

一九九〇年代半ば以降の変化――「学校経由の就職」の縮小

けれども、一九九〇年代半ば以降、いま述べた二つの特徴のうち、第一の「学校経由の就職」については、量的に大きく後退することになりました。それは何よりも、企業が新規学卒者の正社員（典型雇用）への採用を非常に縮小したことに原因があります。

企業の採用抑制の背景としては、バブル経済崩壊後の長期不況の影響がとても大きかったことは言うまでもありません。でも、企業の採用行動の変化の大きさと急激さを理解するためには、景気ということだけでなく、次のいくつかの要因を考えに入れておく必要があります。

まずその一つは、日本社会の人口構造という、いわば歴史的な要因です。七〇年代前半生まれで人口規模の大きい、いわゆる「団塊ジュニア世代」が学校教育を離れて労働市場に登場し始めた時期と、バブル経済の好景気が重なっていたために、一九九〇年前後に多くの日本企業は大量の若年労働者を正社員として採用していました。その後にバブル経済が崩壊し、かつ終戦直後の一九四〇年代後半に生まれていた「団塊世代」が五〇歳代という高賃金の年齢層にさしかかったために、この二つの世代の存在が、従業員構成と人件費の両面から、一九九〇年代半ば以降の日本企業の方に重くのしかかることになったのです。その結果、企業は「団塊ジュニア世代」に続く世代の新規学卒者の正規採用を、はっきりと削減せざるを得なくなったのです。

このような企業へのプレッシャーをさらに増幅した別の要因は、一九八〇年代から九〇年代にかけて、若い女性が働き続ける確率が高まったことでした。二〇歳代後半の女性の労働力率は、一九八〇年時点では四九・二%にすぎませんでしたが、九〇年には六一・四%へと急上昇し、その後も増大して二〇〇〇年には六九・九%に達しています。この現象はおそらく、一九八六年に施行された男女雇用機会均等法の影響を受けたものと考えられます。

こうして、「若い女性は正社員に採用しても、その多くが数年のうちに結婚などにより辞めていく」というそれまでの常識は、一九八〇年代後半以降は通用しなくなったのです。けれども、その事実は採用後一〇年程度を経て初めて企業にとって明らかになることで、採用時点からわかっていたわけではありませんでした。「団塊ジュニア世代」の過剰採用の余波が、企業にとって深刻でかつ長く続くものとなったことの重要な一因は、その世代の中の女性が「なかなか辞めなくなった」ことにもあったのです。

これら二つの、企業にとっていわば外側から偶然ふりかかってきたともいえる要因に加えて、さらに指摘しておかなければならないもう一つの要因は、経済・産業という領域の内側から生じた、長期的で構造的な変化です。先の二つの偶発要因の圧力がはっきりしてきたのと時を同じくして企業が直面したのは、グローバル経済競争の激化からくる人件費縮減の要請と、サービス経済化や生産サイクルの短期化からくる労働力の量的柔軟化の要請です。

これらはいずれも、安価で雇用を柔軟に調整できるアルバイト・パート・派遣などの非典型労働者に対する企業の依存を深めるという帰結を招くもので、企業の正社員採用抑制にとって、より根源的な要因としてはたらいていました。このような企業の経営環境の変化という第三の要因は、日本だけでなくすべての先進社会が直面している、後戻り不可能な趨勢《すうせい》です。つまり、景気変動や人口構造などの短期的な条件が仮に解消されたとしても、依然として存続するものです。

〈これまでの若年労働市場における変化の概念図〉

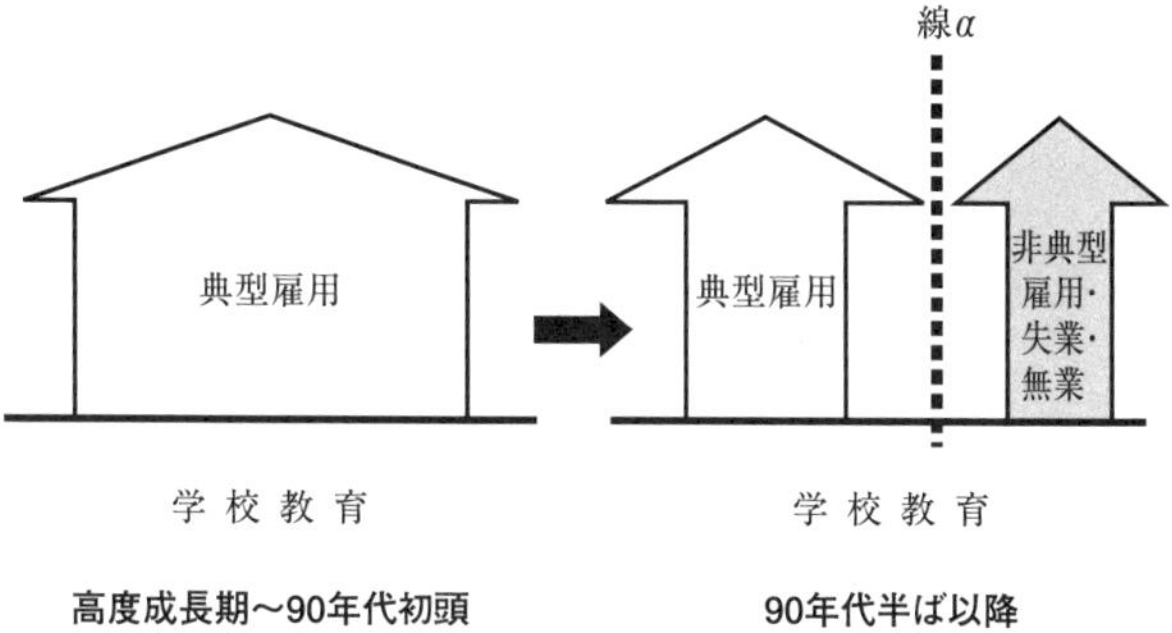

図a　図b

これらの諸要因により、企業の新規学卒採用、すなわち「学校経由の就職」は、九〇年代半ば以降に急激に縮小しました。けれども量的には縮小しながらも、しくみとしては「学校経由の就職」が依然として若者の典型雇用（正社員）へのほぼ独占的な採用ルートであり続けたのです。

その結果、いったんこのルートから外れて「フリーター」などの「不安定層」になった若者が正社員になれるチャンスは、小さく閉ざされたままになったのです。『青少年の社会的自立に関する意識調査』データを分析してみると、学校を離れた時点で正社員の仕事に就けなかった人の中で、その後に正社員に移ることができた人は、三〇歳近くなっても約一割にすぎません。

こうした「学校経由の就職」の変化をイメージ的に描いたものが、図aと図bです。これまでは新規学卒者の多くを覆っていた「学校経由の就職」が、そのしくみはそのままに規模だけを縮小させ、その空いた部分に大量の「不安定層」が生み出されました。そしてその「不安定層」が正社員の世界に入り込めるチャンスは限定的なのです。日本の大きな問題は、図bにおける線αによる分断や落差がたいへん明確かつ強固であって、線の両側の間での流動性というものがとても小さく、賃金等の処遇格差も著しいということなのです。

「教育の職業的意義」は希薄なまま

また、このような「学校経由の就職」の量的縮小という変化に対して、日本の若年労働市場のもう一つの特徴として先ほど述べた「教育の職業的意義」の希薄さは、大きく変わらないまま今も続いています。「学校経由の就職」の縮小が日本では非常に急激に生じたので、学校教育はそれに適応できるように自分のあり方を立て直すことができてこなかったのです。「学校経由の就職」が当てはまる範囲が狭くなったときに、それ以外のより不安定で不利なルートをたどりながらも、何とか将来の仕事の展望を切り開いてゆくための拠《よ》り所としてどうしても必要になるのは、個々人が一定の職業能力を身につけているということです。でも、日本の学校教育では、若者に対してそうした具体的な職業能力を与える体制が、ごく一部の教育機関を例外として、総じて整っていません。

その結果、学校を離れる時点で「学校経由の就職」ルートに乗れなかった若者の多くは、とても選抜性の高くなった労働市場の中で、自分のキャリアを構想し実現に移してゆく手段を欠いたまま、放置され続けているのです。

ここまでに述べてきた、「学校経由の就職」の量的縮小と、正社員への独占的ルートとしての位置づけの維持、および「教育の職業的意義」の希薄さの存続ということが、現在の若年雇用問題の根本的な原因・背景となっています。そして、企業の経営環境の長期的・構造的な変化という要因を考えると、誰もが「学校経由の就職」を通して学校教育から正社員に直接飛び移ることができるような状態が復活するとは考えにくいのです。

ですから、景気や人口構造などの短期的で偶発的な要因が薄らいだ後も、相当の規模の若者が、学校を離れた後に「フリーター」や失業、無業を経験するという事態は、これからも続くと予測されます。そのような事態を前提とした上で、「フリーター」や失業、無業などの「不安定層」になった若者ができるだけ不利にならないような労働市場のしくみをどのようにして整備してゆくかということが、日本社会にとって重大な課題となっているのです。

「不安定層」への対応策として何が必要か

それでは、このような日本の現状を前にして、これからも生み出され続けるであろう「不安定層」に向けて、どういった対策をとることが必要なのでしょうか。それについて、私の意見を述べてみます。

私の考えをひとことで言うならば、「学校経由の就職」というルートだけが特権的な有利さを味わえるような状況を変革するとともに、すべての若者が厳しい労働市場環境を生き延びてゆくための支えとなる、「職業的意義」の高い学校教育を作り上げていくことが不可欠だということです。

それは、労働需要側である企業と、若者を労働市場に向けて送り出す学校教育機関との関係性を変えてゆくことに他なりません。つまり、「教育から仕事への移行」のプロセスを構築しなおす、ということです。それが即座には実現しえないものであっても、長期的に腰をすえて取り組んでゆく必要があるのです。

もう少し詳しく説明しましょう。まず第一に、「学校経由の就職」が量的に飛躍的に回復して若者の全体を覆うようになるという展望が見込めない以上、若者の典型雇用へのルートが「学校経由の就職」にほぼ独占され続けるようなこれまでの構造を、転換することが必要になります。学校を離れた後、一定期間の試行錯誤や模索を経たあとで安定的な就業にいたるというルートが、若年労働市場の正当な道筋として確立される必要があるのです。

そのためには、企業の正社員採用における新規学卒者の特権性を弱め、「フリーター」などの非典型雇用や無業と正社員との間の移動障壁を低めるよう、企業の採用方法に対して政策的に働きかけることが、避けて通れない課題となってきます。

同時に、若者の一部が非典型雇用に従事せざるを得ない状況が今後も続くのであれば、彼らの生活の安定性と将来展望を確保するためには、均衡処遇の観点に立って、正社員と非典型雇用との間の処遇格差を緩和してゆくことが不可欠になります。その一環として、非典型雇用に対する社会保険の適用範囲も現状よりはるかに拡大されるべきです。

このように、非典型雇用に対する処遇を現在よりも手厚くすることによって、正社員の処遇を一定程度切り下げる必要が出てきますが、それはやむを得ないと考えます。不安と生活苦を一部の層だけに押しつけるのではなく、社会全体で広く薄く担ってゆくことが必要だからです。

また第二に、「学校経由の就職」に依存しない労働市場においては、労働需給のマッチングに際して、若者自身の職業能力がもっとも重視される基準となるべきです。そのために、一方では企業が若者の具体的な職業能力を重視した採用を行うように、やはり企業に対して働きかけるとともに、他方では学校教育、中でも高校以上の教育段階において、すべての若者に対して「職業的意義」の高い教育が提供されるよう、教育課程を再編することが必要となります。

たとえば高校段階については、専門高校を現在よりも量的に大きく拡大することが望まれます。大学教育においても、職業と関連の深い教育内容の拡充が求められます。

その際に、何をもって「職業的意義」の高い教育内容とするかについては、教育界と産業界の間での密接な対話に基づいて検討が進められるべきです。ただし、職業意識や意欲、あるいは「人間性」などに留まらず、具体的で一定程度明確な輪郭を持つ専門的職業能力としての知識とスキルを学校教育が若者に与えることが、若者のエンパワーメントという観点からは不可欠であるということを、あくまで強調しておきます。

これらは、学校教育と企業との関係性を根本的に作り替えることを目指した提言です。どの点をとっても一朝一夕には成し遂げられない課題ですが、こうした包括的な問題認識と改

〈目指すべき若年労働市場の概念図〉

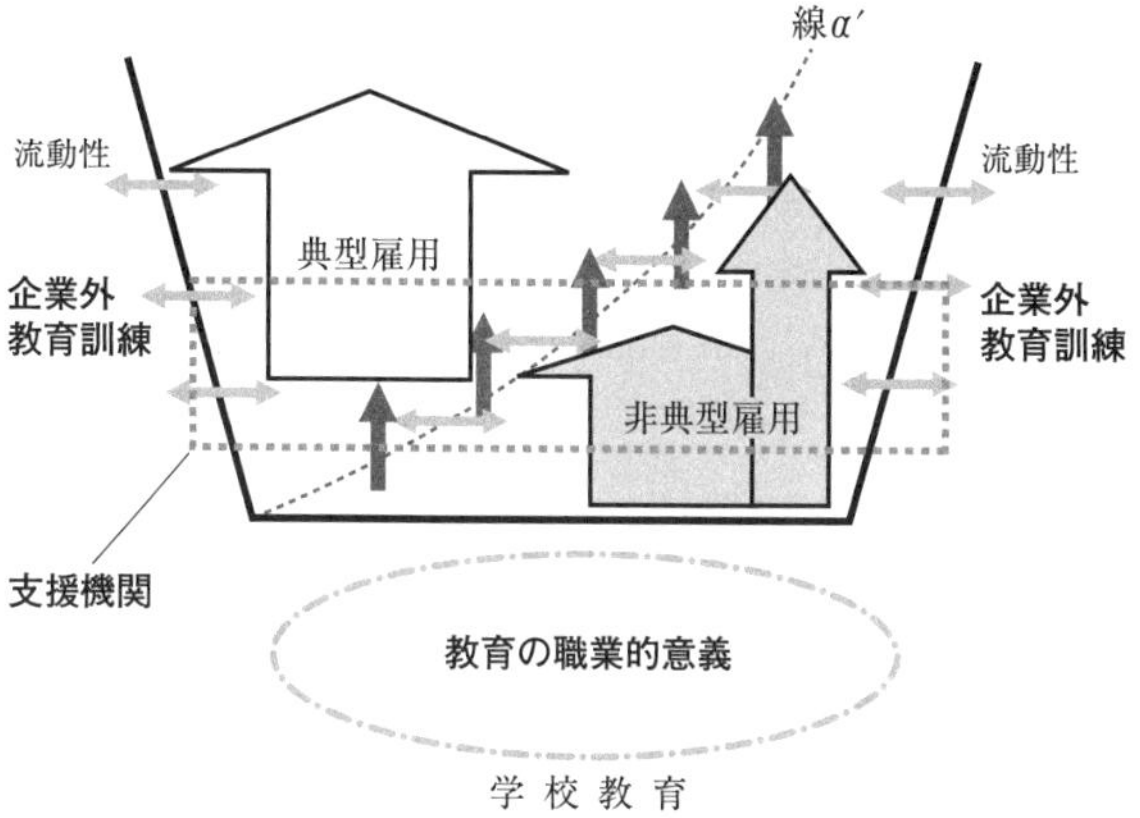

図c

革への展望を欠いた対症療法的な施策だけが導入され続けるのでは、若年就労問題の抜本的な打開は期待できません。

「学校経由の就職」から徐々に離脱するとともに、「教育の職業的意義」を立て直すことを通して、若者が自分自身の手で職業への道を切り拓いてゆくことを可能な限り支援する体制を手厚く整備することが、一刻も早く必要だと私は考えます。

若年労働市場の新しいモデル

今述べたことを、改めて図を用いながら説明しましょう。

先に図ａと図ｂで、九〇年代初めまでの日本の状態と、その後の変化についての概念図を示しました。ここに、私が考えている、今後実現していくべき新しい若年労働市場のモデルを図cとして追加します。図cが図aや図bと大きく異なるのは、第一に、「学校経由の就職」以外の形での仕事への移行が主流になっていることと、第二に、線α′が薄く、細くなっていることです。後者は、「不安定層」から正社員への流動性が高まり、処遇格差は縮小していることを表しています。

この図が表している私の構想は、学校を離れたあとで、まずいったん大半の若者が非典型雇用やある程度の時間をかけた求職行動、あるいは正社員の職をいくつか移動するような模索期間――その期間の長さはさまざまでありえます――に入り、そして徐々に、かなり安定して長期に働きうる正社員の仕事へと移行していったり、あるいは非正規雇用のままでも生きていくことが可能であったりするというモデルです。

もちろん、図bのような現状から、一挙に急速に図cへと変われるはずはありません。私が考えているのは、目指すべきモデルとして図cを念頭に置いた上で、そこに向けてゆっくりと着実ににじり寄ってゆくという形での漸進的な変革なのです。

私が「学校経由の就職」をなくしてゆくことにこだわる理由は、主に三つあります。これまで述べてきたことの復習になりますが、改めてまとめておきます。

第一に、日本では「学校経由の就職」ルートで正社員の職に移行する新規学卒者と、それ以外の「不安定層」との間に、その後のキャリア展開の可能性に関して大きな格差がありますので、それを変えてゆくためには、「学校経由の就職」以外のルートの方が量的に支配的になってゆくことが不可欠だと考えるからです。

「学校経由の就職」が残存している限り、それ以外のルートとの上下関係は根強く存続すると考えられます。「学校経由の就職」こそが正統なあり方であり、それ以外は「失敗した層」であるから、敗者復活戦の機会を用意してやる必要はない、というような認識になりがちです。誰かがうまくいっているうちは、うまくいっていない人は単に例外的な層としてしか扱われず、放置されてしまいます。そのような状態から抜け出すためには、特権的・支配的な、正規のルートとされてきた「学校経由の就職」というものを徐々に縮減してゆき、若者に、離学の時点で同じスタートラインに立ってもらうほうが望ましいと考えるのです。

第二の理由は、「学校経由の就職」では在学中に勉学と並行しながらあわただしく就職先を決めることになりますが、そうした時間的な圧縮は、一方では学生にとっても企業にとってても大きなプレッシャーとなっており、適切なマッチングではない場当たり的な就職―採用につながるという問題があります。また他方には、そうした在学中の就職―採用活動は、学校の教育機能を阻害するという問題もあります。

若者が教育機関に在学している間には学習に専念してもらい、最終的な学習成果を卒業時点で証明してもらった上で、それを引っさげて労働市場で一定期間をかけて適職を模索する、という、時間的に余裕のある労働市場の方が、若者・企業・学校のいずれにとっても望ましい結果をもたらすはずです。

第三の理由は、「学校経由の就職」では、若者が在学している学校と企業との組織的で長期的な関係のあり方如何《いかん》によって、若者の就職機会に格差が生じるという事実があります。企業からの求人が多い学校に在学している若者と、そうでない学校に在学している若者との間でチャンスの格差があることは問題です。求人だけでなく、学校が行う就職指導や斡旋のサービスの充実度によっても格差が生じます。

そうした組織単位の格差で個人の将来が左右されるのではなく、個人が個人として、身につけている職業能力に関して評価されうるようなしくみを構築することが必要だと考えます。

新しいモデルが機能するための条件

図cのモデルでは、学校をいったん離れたあとで、正社員、正社員以外の働き方、企業外のさまざまな教育訓練機関の間での流動性を確保するということも主眼となっています。個々人の生活状況に合わせて、多様な働き方を選択することができ、また一度学校を離れたあとも何度でも学び直しが可能になるような、柔軟な労働市場を思い描いているのです。

このようなモデルが有効に機能するためには、いくつかの条件が必要になります。

まずその一つは、このモデルでは個人がある程度の自律性を備えていることが前提となっているということです。言い換えれば、労働市場が柔軟なものになったとして、その中で個人が生きていくためには、自らの行動を選択するための指針や土台を——あくまでも「ある程度は」ということですが——身につけていることが必要になります。そうした指針や土台の基礎を、まず最初に労働市場に出る以前の段階で、つまり学校教育において、獲得していることが重要になります。それゆえ、学校における「教育の職業的意義」が拡充され強化される必要があるのです。

またもう一つの条件は、労働市場において個々人の柔軟な選択を手助けする機関が、学校の外部にきちんと存在していることです。これまでの「学校経由の就職」では、そうした支援の機能のかなりの部分は、学校に委《ゆだ》ねられてきました。けれども、新しいモデルにおいては、学校は教育機能——当然ながら職業的な意義をもつ教育機能を含みます——にほぼ特化してもらって、個々人の仕事への移行を主に支援するのは学校外部の別の機関とする必要があります。

若者を中心的な対象とする外部の機関が、学校とは別個に支援の手を専門的にさしのべる、ということを私は想定しています。二〇〇三年以降の政府の「若者自立・挑戦プラン」によって、「ジョブカフェ」という新しいタイプの若者向け支援機関が開設されていますが、まだその普及は量・質（機能）ともに不十分であると考えます。

またもう一つの条件は、正社員とそうでない働き方の間の流動性と処遇格差の縮小が、制度的に確保されることです。すでに述べた均等待遇や社会保険の対象者の拡張も、当然その一環となります。あるいは短時間正社員などの普及により、多様な働き方の間を個人が双方向的に移動できるようにする工夫が必要です。

企業が「フリーター」を正社員登用することのメリット

先の図cでは、非典型雇用から典型雇用への移動が柔軟にできるような若年労働市場のモデルを理念的に提示しました。現状としての図bが図cのような形に変化していくためには、まずもって企業が「フリーター」などの「不安定層」から、正社員への採用を拡大していく

資料4　正社員／パート・アルバイト別　仕事と私生活に関する意識

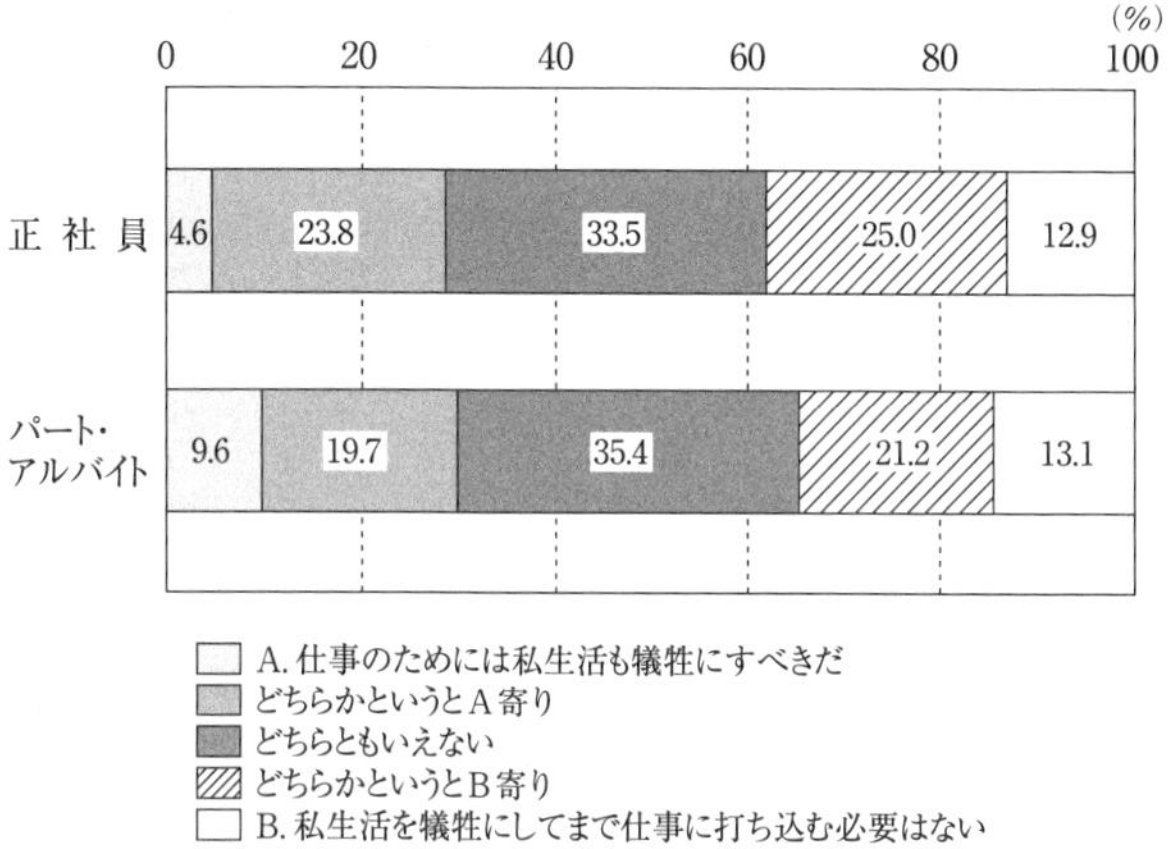

出所）厚生労働省『若年者のキャリア支援に関する実態調査』（2003）より

ような動きが強まってくることが重要です。

それに関して私が主張したいのは、図b状態にある現在の若年労働市場においても、右側の非典型雇用層にあたる「フリーター」から正社員を登用することは、企業にとっても十分メリットがあるということです。より具体的にいえば、「フリーター」は意識や能力の点で、すでに正社員になっている人に比べてまさるとも劣らない水準であるということです。

その「フリーター」の意識や能力についてデータでお示ししましょう。

資料4は、二〇〇三年に厚生労働省が実施した『若年者のキャリア支援に関する実態調査』から、将来の職業生活に関する考え方として、「A．仕事のためには私生活もある程度犠牲にすべきだ」と「B．私生活を犠牲にしてまで仕事に打ち込む必要はない」という二つの選択肢のどちらに近い考えをもっているかをたずねた結果を、正社員と、「フリーター」に該当する「パート・アルバイト」（いずれも三五歳以下）のそれぞれについて示したものです。

見るとすぐおわかりの通り、正社員と「フリーター」の間には、仕事と私生活のどちらを重視するかという点で全くと言っていいほど差はみられません。むしろ、もっともA（仕事のために私生活を犠牲にすべき）寄りの考え方を選択した比率は、正社員では四・六％であるのに対して、「フリーター」では九・六％と、「フリーター」の方が大きくなっています。

この結果は、「フリーター」が仕事に対して安易な意識しかもっていないという「常識」を完全に覆すものです。

また、同調査では同年代の人々と比べたときの自分の「基礎学力（読み書きや計算など）」、「態度（協調性、積極性、責任感、規律、コミュニケーション力など）」、「知識・技能（技術力、理解・分析力、熟練度など）」についての自己評価も五段階でたずねています。図は割愛しますが、この結果についても正社員と「フリーター」の間でまったく差はなく、項目によっては「フリーター」の方が高くなっています。

これらの結果は、「フリーター」がきわめて「普通」か、それ以上の意識や能力をもつ人々であることを指し示しています。今「フリーター」をしている人たちは、彼らをとりまく環境的諸条件によって、たまたま「フリーター」という立場に置かれてしまった人々なのであり、彼らをより安定した雇用機会から閉め出す正当な理由は存在しないということを、強調しておきたいと思います。

彼らがたまたま「フリーター」になった理由はさまざまです。「フリーター」へのインタビュー調査からは、「フリーター」になった経緯として次のような事例が挙げられます。

事例１：きょうだいが多く家庭の経済が厳しかったため、大学を浪人している間に生活費や学費を自分で稼ぐ必要があり、受験勉強との両立が困難で再受験をあきらめ「フリーター」になった。

事例２：四国の高校から東京の写真専門学校への進学を希望していたが、遠方であったため高校が相談にのってくれず、自分で情報を集めて受験したが合格後に暗室など高額の諸設備が必要なことがわかり、進学をあきらめて東京で「フリーター」になった。

事例3：大学時に公務員を志望していたが受験に失敗し、卒業後も挑戦するが合格できず、新卒としての就職活動の時機を逸して「フリーター」になった。
事例4：大卒後、派遣社員としてCADの仕事をするが将来に不安を感じて辞め、アルバイトをしながら語学学校に通い、修了後はアルバイトと並行して仕事を探している。
事例5：短大から四年制大学への編入試験を受けるが三月に不合格がわかり、就職活動をする時間もなく卒業後に「フリーター」になった。

よく知られている通り、日本では新卒時に正社員として就職するためには、在学中から厳密なタイムスケジュールに則《のっと》って一定のプロセスで就職活動をする必要があります。右に事例として示したような諸事情により、そのようなタイムスケジュールやプロセスからたまたま外れてしまった若者は、「フリーター」を選択するしかない場合も多いのです。ですから、「フリーター」などの不安定な立場に陥ってしまった人たちは、もともと本人に何かの問題があったわけではないことが多いのです。彼らの大半は、正社員になれる十分な資質を備えているのです。

それだけではありません。日本企業の人材形成のしくみを長年研究してこられた小池和男《こいけかずお》氏は、「フリーター」から正社員を登用することのメリットとして、それが「いわゆるミスマッチを少なくする」ということを指摘しています。小池氏の議論を引用しましょう。

ふつう新卒正社員の採用はせいぜいのべ数時間の面接による。それでは本人も職場の仕事の実際を知ることはとうていできない。せっかく入社しても期待とは違いやめていく若者が多いのは、むしろ当然であろう。いまはやりのインターンも日本ではせいぜい二、三週間、それもはたして職場の仕事をさせてもらえるのであろうか。それでは職場の仕事を知ることになるであろうか。他方、企業からしても、本人が真に仕事を勉強したいかどうかなど、そうじて質の情報を数時間の面接で獲得できるはずがない。フリーターなら半年、一年と働きぶりをみることができる。昨今ミスマッチを減らすために、コンサルタントの動員や職業意識の高揚などが強調されるが、それで離職を下げることができるだろうか。まずは職場を経験するしくみこそ肝要であろう。（小池和男『仕事の経済学［第3版］』東洋経済新報社、二〇〇五年、二一五頁）

このように、企業と個人のミスマッチを減らすという意味で、「フリーター」から正社員を登用することには企業にとって合理性があるのです。ですから企業は、いったん「フリーター」などの「不安定層」になってしまった人たちから、積極的に正社員採用を進めるべきだと強く主張します。

「教育の職業的意義」とは

ここで、「教育の職業的意義」についてもう少し議論しておきましょう。

「職業的意義」のある教育内容には、大きく分けて、誰にとっても必要な共通の内容と、それぞれの人が目指す仕事によって異なる内容との二種類があります。前者はたとえば、世の中にはどのような仕事があるかについての知識、労働者の権利についての知識、仕事の探し方についてのノウハウ、あるいは基礎的なＩＴスキルなどが含まれると思います。この種の教育内容は、最近強調され実際に教育現場に導入されてきてもいる、いわゆる「キャリア教育」と重なってきます。

それに対して後者は、一定の専門性をもつ職業上の能力や知識のことを意味しています。こちらについては、最近でも「キャリア教育」ほどは強調されていないように思います。でも私はそうした、労働市場において市場価値を持ち得るような、かつ輪郭がある程度明確な――資格のような形で証明されうる場合を含む――能力や知識を、学校教育ですべての若者に提供することがどうしても重要だと考えています。そのような能力や知識によって、職業生涯を組み立ててゆく最初の基盤を獲得しない限り、言い換えれば労働者としての自己定義をまったく欠いたままの状態で若者が労働市場に出てゆかざるを得ない状態が続く限り、不確実化し不透明化した労働市場の中で、個人はあまりにも弱い立場に立たされ続けてゆくことになると考えるのです。

なお、ここでいう専門的職業能力や知識の形成とは、それにぴったりと合致する職種以外の仕事を拒絶するような硬直的な姿勢を、若者にもたせようとしているのではありません。そうではなく、特定の専門を最初の足場としつつ、その後の柔軟な展開や転換をも可能にするという意味での、ベースを与えることを意図しています。比喩的にいえば、「まっ白」ではなく一定の「色」をもって仕事の世界に参入しながらも、それを基調色として自らの多彩なキャリアを描き出すことができるような、そういう意味での専門的職業能力の形成を、ここでは念頭に置いています。

日本ではこのような、専門的職業能力の発展可能性・転換可能性や間接的有効性を認める発想が弱く、「直接役に立つ」職業能力への強い期待と、それがかなわないのであれば「潜在能力」しかない（学校で身につける専門性は役に立たない）、という「all or nothing」の考え方が、少なくとも言説の上では多いように思われます。

もし仕事現場の実態がそうした二項対立的な言説とは異なっているのであれば、その複雑な実態をできるだけ正確に言語化し、どのような職業能力を身につけていることが個人と企業の双方にとって利益を増すのかについて、リアリティのある言説・認識・制度を作っていく必要があります。

「甲羅のない蟹」の是非

これに関連して私は、従来の日本の若年労働市場において個人はあたかも「甲羅のない蟹」のような存在として扱われてきたと考えています。「教育の職業的意義」を欠いたこれまでの「学校経由の就職」では、甲羅を持たず柔らかい生身のからだを剥《む》き出しにしている蟹のような若者を学校がどんどん企業に送り出し、そして柔らかい若者たちを企業が粘土みたいにこねあげてその企業向きの人材に形づくっていく、というパターンが大勢でした。

そうではなく、ある程度の柔軟さを持った甲羅であっても、一応は甲羅を着て労働市場に出てゆくということが、前提になっていくべきです。

これまでは個々人が甲羅を着なくても、企業という組織自体が甲羅代わりの機能を果たしていました。しかしそうした企業のパターナリスティックな態度が、状況によっては冷酷な態度へと一変しうることを、私たちはすでに九〇年代に目撃してしまいました。それ以後の個人は、たとえ小さなか弱い甲羅であっても、個人としての甲羅を装備してゆく必要性を実感しているはずです。

そしてこのような一定の甲羅を背負って個々人が労働市場に参入してくるようになることになれば、企業にとってもメリットはあるはずです。

経済のサイクルが短期化しコスト削減圧力が高まる中で、企業は従来のように長時間かけて、慎重かつ丁寧に人材を育成していられなくなっているのは確実です。そのため、企業が一から育て上げなければならないような人材よりも、ある程度すでに育った状態の人材を採った方が、企業にとっても効率的なのです。

ただ他方では、このような経営環境であればこそ、むしろ甲羅を持たない蟹の方が望ましい、つまり企業の都合でどうにでもなる人材が欲しい、という要請があることもまた見て取れます。「どうにでもなる人材」というのは、機能的柔軟性を備えた人材、と言い換えられます。つまり今、経済状況や産業構造の先行きが非常に見えにくくなっていますので、そういう不透明さにいかに対応するかというと、労働力の量的な柔軟性で対応するか、質的な柔軟性で対応するかのどちらかになるのです。

量的な柔軟性で対応するとなると、主に、出し入れ可能ないし使い捨ての人材を、要《い》るときだけ採って要らなくなったら放出する、というやり方になるのですが、そのようなタイプの人材だけでは企業組織の経営はなかなか成り立ってゆきません。責任を任せられる基幹人材、不透明な将来見通しに耐えつつ企業を背負っていく柔軟性を持つ中核的人材が、やはり必要だということになります。

すなわち、どの程度の強さの甲羅を持った人材を、どれくらいの比率で採用するか、という難しい問題に、今企業は直面し、揺れ動いているのです。

企業の採用方針の揺らぎと再編

このような採用に関する企業の模索は、たとえば二〇〇五年一〇月一五日の日本経済新聞の記事「採用　熱おびる（下）」の中にも観察されます。以下、記事の一部を引用しましょう。

日本企業には幹部候補となる「コア人材」は新卒で採用し、まっさらの状態から鍛え上げようという意識が強い。業種を問わず正社員採用の意欲が高まる中で、各社は能力の高いコア人材を確保するため、採用方法に知恵を絞っている。**（引用者：この部分を①とする）**

（中略）

好景気に沸いた一九八〇年代のバブル期に、企業は新卒者を大量採用した。しかし、その後のデフレ不況で過剰人員による人件費負担が業績を圧迫。人件費を圧縮するために給与水準の高い中高年社員の退職を促すなど、多くの企業が厳しいリストラを迫られた。**（引用者：この部分を②とする）**

企業は十数年ぶりに人への投資拡大に動き始めたが、人減らしの苦い経験は人事担当者の頭から消えていない。過剰にならず必要な人数を採るため知恵を絞る。春に集中的に採らず通年型にするのに加え、現場が採用に密接にかかわる職種別採用も広がってきた。**（引用者：この部分を③とする）**

（中略）

「買い手市場」の下では短期集中型で全社一律の採用方法が幅を利かせた。これからは採用担当者が新入社員一人ひとりの能力や適性を考え、配属や処遇に反映させる「手間を惜しまない採用」が主流になるだろう。**（引用者：この部分を④とする）**

この記事の冒頭の①の部分では、企業が依然として「まっさら」の人材、つまり「甲羅のない蟹」としての人材を採用することを選好していると述べられています。

しかし、それに続く②〜④の部分で述べられている経験や動向は、①にあるような『コア人材』は新卒で採用し、まっさらの状態から鍛え上げ」るという従来の慣行を、むしろ深いところから侵食するものであると考えられます。

そもそも、こうした「まっさら」方式は、

A．職業経験のない新規学卒者が「コア人材」としての資質をもつかどうかを企業が判定する困難さ

B．「鍛え上げ」るために要する時間とコストの大きさ

C．長期的な労働力需要見通しが不透明な状況のもとでの量的硬直性

という三点において、本質的にリスクが高いやり方です。すなわちそれは、「不良な」「人材」の「在庫」を社内に長期にわたってだぶつかせる危険が大きいやり方なのです。

実際に記事の中の②の部分で述べられているような九〇年代の経験により、この問題点を企業は痛感しました。それゆえ企業は、③・④のような、個々人の能力・適性や配置職種をより重視した形の採用を導入し始めています。

このベクトルが今後もしこの方向にいっそう進むとすれば、個人が「一定の甲羅を持つ蟹」であることを前提として、空きポストの職務との適合性を基準として採用が決定される場合が、相当増加してくると考えられます。

それは若者にとっては、

a．新卒時に正社員になれるかどうかによってその後のキャリアが大きく制約される状況が解消されるという点でのメリット

b．自らの「能力や適性」を自覚的に認識し彫琢《ちょうたく》し可視化しておく必要性

の二つを同時にもたらします。このbの点は、労働市場に参入する以前に若者が所属する学校教育に対して、その教育内容の「職業的意義」を高める要請となって表れるはずです。

私が期待するのは、企業に入る時点では個人の専門性を尊重しつつ、だからといってその専門に限定される職務だけに就かせるのではなく、その後に企業内での柔軟なキャリア展開・転換の余地を大きく残しておく、という方式です。つまり、採用時にはほぼすべての人

を職種・職場限定的な人材として採用し、その中から将来の「コア人材」にふさわしい質的柔軟性を備えた者を選抜するという方式です。こうしたやり方の方が、「まっさら方式」のように当初から対象者をジェネラリスト的な「コア人材」と想定した採用よりも、企業と若者の双方にとってリスク分散的でかつ自由度が大きいと考えるのです。

九〇年代半ば以降、企業は約十年間の長きにわたって若年採用をきわめて抑制してきましたが、「団塊の世代」が労働市場から退出し始める「二〇〇七年問題」が間近に迫るにいたって、ようやくかなり本格的に若年採用を復活させるきざしを見せています。

そのような企業の目に、過去の若年労働市場――「教育の職業的意義」なき「学校経由の就職」――の問題点はまざまざと映っています。だからこそ、今が学校と企業との関係が変わる、それを変える、チャンスなのです。

「不安定層」にとっての足場としての専門的職業能力

ただし、すでに述べたように、若者の正社員雇用の機会が回復したとしても、「フリーター」や契約社員などの非典型雇用、本書の言葉で言えば「不安定層」が若者の中にいなくなる、ということはありえないと私は考えています。正社員需要が高まれば、「不安定層」が減ることはあると思いますが、日本の企業は安価で量の調節をしやすい非典型雇用を活用することの「うまみ」を九〇年代に覚えてしまいましたので、そのようなタイプの労働力に対する需要が大きく減退することはないと予測されます。

ですから、若者の中に「不安定層」は確実に残るということを前提にした上で、では彼らに対してどのような策を講じてゆくべきかという課題について真剣に考える必要があるのです。そのような策として不可欠なのは、当然ながら、「不安定層」と安定層すなわち正社員との間の「断層」を緩やかにしてゆくということです。

ここでの「断層」という言葉には、二つの意味を込めています。一つは処遇や社会保険の格差であり、もう一つは移動障壁です。

前者を緩和するためには賃金格差を縮小し、非典型雇用であっても社会保険に加入できるようにすることが当然必要です。また後者を緩めるためには、非典型雇用を経験してきた者に対する正社員採用の門戸がもっと開かれるべきです。多様な雇用形態の間を、生活状況に応じて柔軟に移動できるような労働市場が目指されるべきなのです。

しかしこうして柔軟化し、見方を変えれば複雑化した労働市場で、徒《いたずら》に翻弄《ほんろう》されることなく切り抜けてゆくためには、自分の行動を律し展望を見失わないようにするための「足場」

が必要です。その「足場」となるのが職業能力であり、それを若者に提供するために、学校教育にも最大限の貢献をしてもらう必要があります。巨額のコストをかけて日々運営されている学校教育制度を、今よりもっと有効活用しない手はありません。

学校教育で身につけた専門的職業能力が「足場」となって、その後の展開が可能になった例をいくつかあげてみましょう。

私が以前にインタビューした大学工学部卒の男性は、卒業後にいったん正社員として就職したのですが、その事業所が閉鎖になり、仕事を辞めざるを得なくなります。その後彼はかなり精神的にダメージを受けて、数カ月間は家に閉じこもりがちだったのですが、これではだめだと思ってコンビニでアルバイトを始める傍ら、電気工事関係の資格や大型車の運転免許を取ります。そして地方自治体主催の合同企業説明会で、ある小さい会社に出会います。そこの社長の人柄に惹かれたことと、自分がこれまでに大学で学んできたことや卒業後に取った資格を活かせることから、その会社に再就職して今でも勤め続けています。

また、私が先日仕事上でお世話になったカメラマンの方は、編集もできて、映像作品も作る方なのですが、専門学校を出たあと、しばらくずっと「フリーター」のような働き方をしてきたそうです。「フリーター」としてではあっても、もともと専門学校で勉強したことを活かして様々な仕事を引き受けている間に、映像の編集などを含めていろいろなことをこなせるようになってきたそうです。そして最近、正社員として採用された、と言っていました。

さらに、やはり私がインタビューしたある若い女性は、農業高校の乗馬コースで乗馬と馬の飼育を学んだのですが、厩舎の隣にあった鹿の飼育場を日々目にしているうちに、鹿への興味が募ってきました。そこで日本でも鹿の飼育ができる場がないかと考えたのですが、そのような場所はなかなかありません。そのうちに彼女は鹿の角が漢方薬として珍重されていることを知りました。それで彼女は高校卒業後に中国に留学し、中国語と漢方薬の勉強にとりくみ始めているところです。

この方たちの例をみるとわかるように、初発の段階で一定のベースがあるからこそ、不安定な働き方であっても専門に関連する分野で模索したり経験を積んだりしながら、展望のあるところに行き着けるのです。こうした過程をたどるためには、「甲羅のない蟹」ではだめなのです。一定の専門性をもちながら、そこから柔軟な発展や展開を遂げてゆく、というのが、理想的であると同時に現実的なモデルになるはずです。

資料5　各国の後期中等教育における職業教育コース在籍者の比率

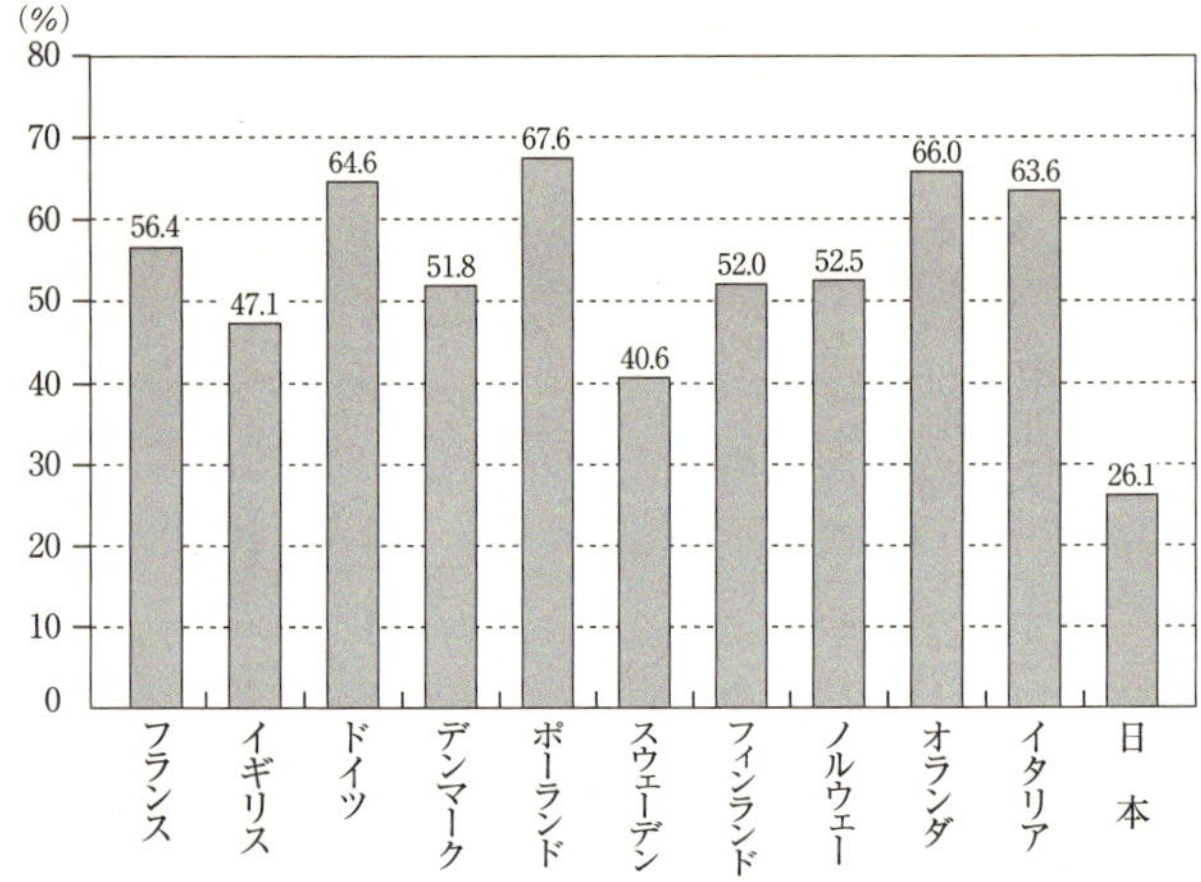

出所）OECD, 2000, *Education at a Glance*, p146

専門高校の意義

ところで先ほど、「教育の職業的意義」を高めるためには、特に高校段階については専門高校を現在よりも量的に大きく拡大することが望まれる、と述べました。この点をもう少し補足しておきたいと思います。

国際比較が可能なデータを使って分析してみると、日本の高校教育は全体として「職業的意義」がきわめて低く評価されている、ということは、先にグラフを使ってご説明したとおりです（前掲の資料3）。この事実は、日本の高校教育における普通科と専門学科（従来は職業学科、職業高校と呼ばれていたものを近年は専門学科、専門高校と呼ぶようになっています）の量的

資料6　高校タイプと学校適応・対人能力・進路不安（男子）

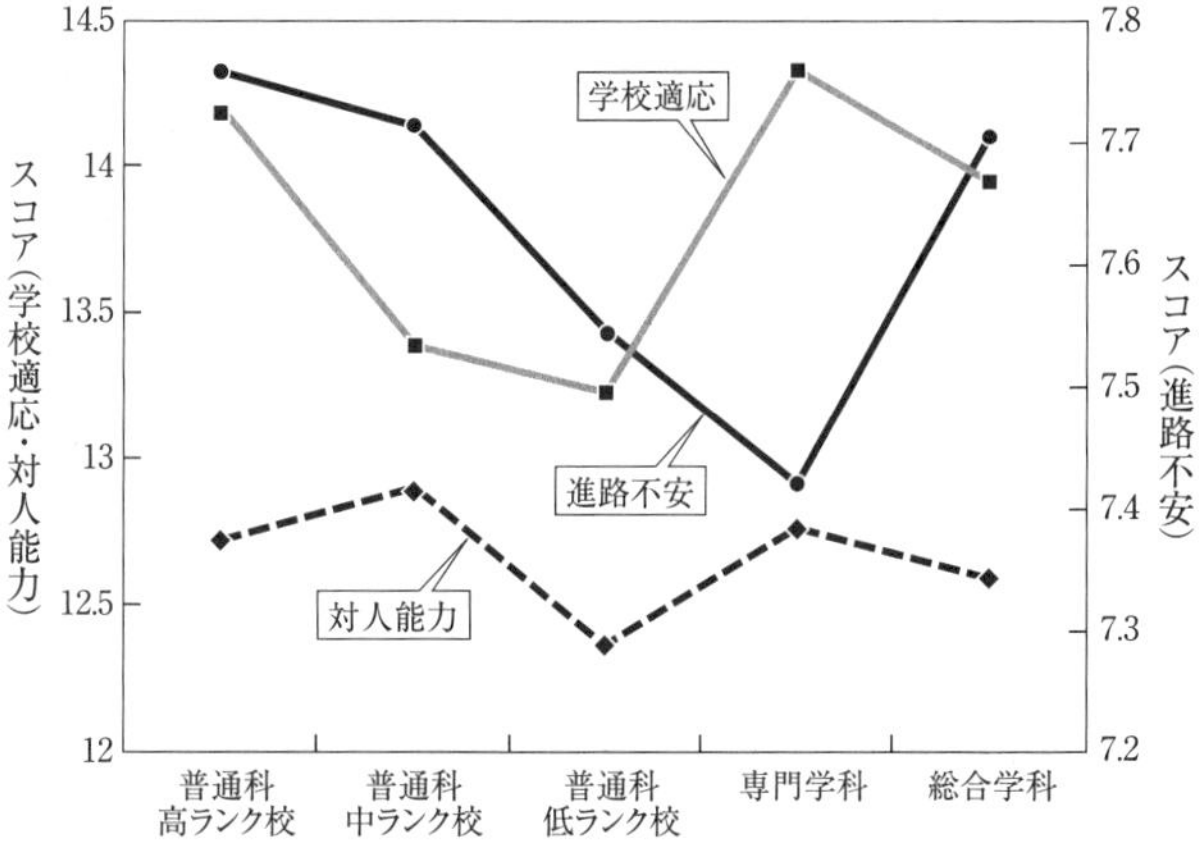

出所）東京大学社会科学研究所「高校生の生活と進路に関するアンケート」調査データより筆者作成

比重に由来するところが大きいのです。

日本の高校生は四分の三までが普通科に在学しており、専門学科の在学生は四人に一人にすぎません。しかし、他の多くの先進諸国では、日本の専門学科に該当する職業教育コースに在学している者の比率が、五割前後から七割近くに達している場合が多いのです（資料5）。私は日本でももっと専門高校の量的比重を大きくすべきだと思います。

そして私が専門高校の拡大を主張するもう一つの大きな理由は、専門高校の教育には多くのメリットがある、ということです。

資料6は、高校の普通科を大学進学率に基づいて三つのランクに分けたものと、専門学科、総合学科の合計五タイプの高校別に、在学生（三年男子）の特性を「学校適応」「対人能力」「進路不安」という三つの指標についてみたものです。

なお「学校適応」とは「授業内容は面白い」「高校の勉強はやりがいがある」「高校での勉強は将来、就職する時に必要だ」「部（クラブ）活動に打ち込んでいる」「仕事に必要な技能を身につけられる」「先生は私が高校でがんばることを期待している」という六項目への回答（それぞれ一〜四点）を合計して作成した合成変数です。

また「対人能力」は、「友だちから悩み事を打ち明けられることが多い」「自分の考えをはっきり相手に伝えることができる」「友だちが間違ったことをしたら指摘すべきだと思う」「自分には人を引っぱっていく力がある」「嫌いな人、苦手な人とも、うまく付き合う努力をしている」という五項目への回答（それぞれ一〜四点）の合計点です。

そして「進路不安」は、「どんな仕事をしたいのかよくわからない」「自分の進路について今でも悩んでいる」「社会でうまくやっていけるか不安だ」の三項目（それぞれ一〜四点）の合計点です。

資料6を見ると、専門学科の在学生は、「学校適応」と「対人能力」の水準が五タイプの高校の中でも高く、逆に「進路不安」は低いことがわかります。高校段階で特定の専門分野を学ぶことは、学校生活をより充実したものにするとともに、学習内容の意義についての認識を高め（「学校適応」）、生徒同士や生徒と教師がともに共通の専門分野を追求する過程でコミュニケーション能力をも向上させ（「対人能力」）、そして自らの将来に対する展望をより明確なものにする（「進路不安」の低さ）、ということが、この図からはうかがえます。

日本では高度経済成長期以降、高校については専門学科よりも普通科を望ましいものとする社会意識が根強く存在してきました。その陰で、高校段階で専門的な教育を受けることの本質的な意義というものが見過ごされてきたのです。

私は今こそ、高校専門学科の再評価と復権が必要だと考えています。いっそ、すべての普通科が、何らかの専門領域の名称を冠した専門学科に改変されてほしいとすら考えています。そうしないと、普通科と専門学科の間の威信の格差というものは残り続けると考えるからです。

ただし、高校段階で専門分野を学ぶことが、若い人たちにとって「行き止まり」の選択になってはならないと思います。専門学科を卒業した後に就職と進学との双方の道が開かれていること、そして高校進学時点で選択した専門分野が自分に合わないことがはっきりした時には、高校在学中の転学科の機会や、高校卒業後に異なる専門分野の教育機関に進学できる機会が、制度として保証されていることがあくまでも必要です。

そうしたしくみを用意した上で、中学から高校への進学時に、すべての子供にあえて特定の専門分野を選んでもらいたいと思うのです。それはいわば、保護された環境下での「選択の練習」です。そのような「選択の練習」を行う中で、自分と社会についてゆっくりと、かつ真剣に、考えていってもらうことが必要なのです。

ドイツのデュアルシステムに見る専門的職業能力の応用可能性

このように、高校やその後の学校段階で何らかの専門分野の基礎を身につけることができたとしても、それはあくまで将来に向けてのベース、「足場」であり、その能力は、そこからさらに実際の仕事をしてゆく中での柔軟な展開や発展に対して開かれたものであるべきだ、ということを述べてきました。

けれども、日本では、先にも触れたように、「習ったことを仕事にぴったり直結させる」という、一対一対応のようなものが理想とされがちであると同時に、他方では「学校で習ったことなんか仕事には全然役立たない、要は潜在能力や人柄なんだ」、というような、「教育の職業的意義」を全否定するような議論も強固で、この二つの両極端な「all or nothing」

のいずれかに振れがちです。

それは不毛な考え方です。学校で習ったことだけで十分なわけでは決してないけれども、それは確かな有効性を持っていて、あとからの変換や発展をも可能にするという、バランスのとれた発想が、日本では弱すぎるのです。

ヨーロッパではそのような発想が社会の伝統として根付いている面があります。たとえば、ドイツには有名なデュアルシステムという徒弟制のような訓練制度があります。日本的な発想に立てば、そうしたしっかりした実践的な訓練を受けたことは、その分野においてしか有効性を持たないと考えられがちです。たとえばデュアルシステムの中でパン屋さんならパン屋さんで長期にわたる職場訓練を受けて、パン職人としての職業資格を得たとすれば、将来像はパン職人しかないだろう、他に応用は利かないだろう、と日本の人なら思うかもしれません。

しかしドイツでの考え方は、少し違うのです。ドイツのデュアルシステムの中で、訓練を受けた企業に訓練後も採用されて勤め続ける人は一部ですし、また、訓練を受けた仕事と同じ仕事を続ける人も七、八割で、多いことは多いのですが、そうではない人もかなりいます。どうしてこのようなことが成立しえているかというと、ドイツでは、デュアルシステムの訓練後に職種を転換して、訓練を受けたのとは全然違う仕事をするようになったとしても、ある仕事分野で「デュアルシステムを受けたこと」自体がきちんと評価されるというのです。デュアルシステムを最後まで耐え抜いて、最後に職業資格を取得しているということが、社会人としてのベースを身につけていることの証明とみなされる、ということを、ハインツというドイツの研究者が言っています。

それゆえデュアルシステムでの職業訓練は、「足場」として柔軟なキャリア展開を可能にするのだ、とハインツは述べています（Heintz, W., 1999, 'Job-Entry Patterns in a Life-Course Perspective', in Heintz, W. (ed.), From Education to Work: Cross-National Perspectives, Cambridge University Press）。

このような発想が、日本でも広がることを期待します。学校で学んだこととその後の仕事とが必ずしも一対一対応ではないかもしれないけれども、学校で仕事に関連する内容を学ぶことには重要な意味があるのだ、という発想を育てていく必要があるのです。

「ニート」論を超えて

先に図cで示したような、学校と企業との関係の再編などに取り組まなくとも、景気が回復すれば、若年の正社員採用も回復して、「フリーター」問題も「ニート」問題もなくなるはずだ、という意見もあります。でも私はそれほど楽観的ではありません。

なぜなら第一に、若年労働市場が図bのような構造のままであり続ければ、景気変動に伴って二つのルートを分ける線αの位置は左右に揺れ動くでしょうが、「不安定層」が消滅することはおそらくありません。それは、経済のグローバル化に伴って企業の経営環境において予測不可能な変動要因が世界中から押し寄せてくるようになる中で、労働力の調節弁としての「不安定層」は企業にとって不可欠だからです。

第二に、もし仮に日本の若年労働市場が図aのような状態に戻ったとしても、それが健全なあり方と考えることはできません。「教育の職業的意義」を欠いた「学校経由の就職」のもとでは、個人は自律的な職業人として存在しえず、いわば企業に生殺与奪《せいさつよだつ》を握られた状態であり続けます。そうした状態は、企業と個人との間の力関係という点で、あまりにもバランスを失しています。

図cに示したような「教育の職業的意義」の向上と労働市場の流動化によって、個人は属している企業に丸ごと飲み込まれてしまわない部分を獲得することができます。

だからこそ、私は、図cを社会全体として追求してゆくべきモデルとして提示したいのです。

若年就労問題は、こうした労働市場の設計という位相で議論されるべき問題です。「ニート」という適切でない概念を持ち出して、若者自身や家庭に責任を押し付けてすむ問題ではないのです。

私たちは「ニート」論という奇妙な幻影に惑わされてはなりません。目を開いて現実を見つめ、たとえ困難でも新しい社会像を構想し実現してゆかなければならないのです。

第2部　「構造」——社会の憎悪のメカニズム

内藤朝雄

ニート問題にみる社会の不安と憎悪

全体主義とは、教育が社会を埋め尽くす事態をいうのではないでしょうか。あるグループの人々が社会解体の「しるし」としてターゲットにされ、「憂慮すべき未曾有《みぞう》の事態」がくりかえし指摘されます。生まれてからの年数が短い人、老いた人、所属しない人、交わらない人、理解や共感ができずに不安感を与える人などが、そういう「しるし」にされがちです。

人々の不安と被害感と憎悪は、マス・メディアを通じて煽られ、社会防衛のキャンペーンに動員されます。問題は「困った人たち」の心や生活態度であるとされて、彼らが内側から変わるように、社会に教育網が張り巡らされるようになります。人権や経済や社会的公正の問題は、いつのまにか教育の問題にすりかわり、公論のスポットライトから外されます。政治がこれに加わると、本来の市民社会ではしてはならないとされることがなされたり、あるいは放置されたり、対策として法制化されたりします。

現在では、次のような三体の構造的なカップリングが生じていると思われます。

①「青少年が凶悪化した」「ニート化した」「子どもがわからなくなった」と煽りたてるマ

ス・メディア。

②青少年にネガティヴなイメージを抱き、彼らのなにげないふるまいに疑惑の「しるし」を探し当てては、独特の不安と憎悪であふれる大衆。

③危機をことさら強調して、今までなら通らなかった反市民的な政策や法案（あるいは条例）を通すなどして、望みの社会状態を現出させるチャンスを狙う政治。

ニートに限らず、青少年問題の報道とそれに対するさまざまな反応については、疑問に感じる点が多々あります。

現在、青少年に対する不安と憎悪がペストのように蔓延しています。「凶悪化した」「社会性を失った」「子どもが変だ」「子どもが見えない」「あなたのまわりの普通の子も、いつなんどき人を殺すかもしれない」といった不気味なイメージを、人々は抱くようになりました。そして不気味な存在になってしまった青少年をいじくりまわして、「なんとかする」ことが、払えるはずもない国債や北朝鮮の核以上の緊急課題になりました。

ひとことでいえば、そういう愚かな大衆の「レミング大行進」の方が不気味です。なんとかする必要があるのは、青少年を不気味に描いては悪魔払いにふける大衆の不安と憎悪と被害感であり、マス・メディアの意図的な煽りであり、それを利用しようとする政治家たちであり、デマに便乗して一旗揚げたい魑魅魍魎《ちみもうりよう》たちです。

ここではまず、青少年問題の論じられ方に批判的な検討を加えたいと思います。特に佐世保で起きた小六女児同級生殺害事件にはその問題点の多くが凝縮していますので、詳細に検討します。

さらに、マス・メディアと大衆、そして政治との間に生じている心理―社会的なメカニズムについて、「投影同一化モデル」を用いながら論じていくなかで、(ニート問題を含めて)青少年ネガティヴ・キャンペーンの背景にある真の問題点を、ひとつひとつ暴いていきたいと思います。

1　青少年ネガティヴ・キャンペーン

きっかけとなった「神戸小学生連続殺傷事件」

今ではほぼ定番となっていますが、青少年による大きな事件が起きると、マス・メディアは華々しく事件にスポットライトを当てて、識者と呼ばれる人々を多数動員して論じさせます。

「凶悪化した」「社会性を失った」「子どもが変だ」「子どもが見えない」「あぶない○○歳」「キレる若者」「あなたのまわりの普通の子も、いつなんどき人を殺すかもしれない」といったキャッチフレーズが、新聞や雑誌、テレビの特集などで撒《ま》き散らされ、「何をやるかわからない」青少年に対する人々の不安がかきたてられ、社会問題が構築されます。

いわば事件という「お祭り」によってマス・メディアの縁日（言説市場）がにぎわい、青少年に対するネガティヴ・イメージの企画が売れます。実は青少年よりも、青少年ネガティヴ・キャンペーンによって憎悪が社会に蔓延することの方が問題なのですが、このことについては後で述べます。

このようなマス・メディアの傾向を決定的なものにしたのが、じつは一九九七年の神戸小学生連続殺傷事件です。

このとき、各社は、ベルリンの壁崩壊や天安門事件、天皇崩御のとき以上の報道枠を設け、事件とそれに関連する特集を連日のように流し続けました。日本中が「酒鬼薔薇聖斗」の話題でもちきりになり、「なぜ人を殺してはいけないのかわからない」と発言した青少年や子どもたちに国民的な憂慮が巻き起こり、キャンペーンが続けられました。

結果的にマスコミはそれで味をしめてしまうことになります。魅力的な事件とそれに関わる主題によって、いったん報道の「祭り」状況が生まれると、それに続く類似事件が、それまでなら考えられない大きな報道枠で扱われるようになるのです。

過去を振り返ると、それほど大きく扱われていなかったような事件までも、「現代社会の病理」を象徴する事件として大々的に不安を煽るような形で報道されるようになりました。人々の方も、それを非常に大変な事件であるという風に受け止めます。「我々の社会が壊れてしまう」ということを如実に表している事件だ、と思ってしまうわけです。

キレる若者

神戸の事件の後に、ほどなくして黒磯市で女性教員刺殺事件（一九九八年）が起きます。このときには、「キレる若者」というキャッチフレーズが日本をかけめぐりました。黒磯の刺殺事件は、神戸の事件がなければそれほど大きく取り上げられなかったと思うのですが、神戸の事件による不安が蔓延していたところに起きたので、パチンコの大当たりのような大騒ぎになります。多くの人たちが、「最近の少年たちはナイフを持っていて怖い」などと言い出す始末です。

しかし青少年がナイフを持ち歩くというのは、今にはじまったことではありません。ナイフを持っているという少年というのは戦前から存在していました。余談ですが、私は刃物を呑んで、通学していたという元大学教授を三人知っています。かつて刺しつ刺されつの青春を謳歌した大先生の、「わたしたちの時代は脚しか刺さなかった。ちかごろの子は腹を刺すのか」、という微笑ましい回顧談を伝え聞いたこともあります。

先の三人の元教授のうちの一人は、「金属の先を尖らせたもので突いたらいじめられなくなった」と、旧制中学の頃の思い出を笑いながら回想していました。また、他の一人は、伝記にドスを呑んで通学していたということで、「あの神様が!」とびっくりしたものです。

そういった記憶を社会がすっかり無くしてしまって、異様に「現代の少年=ナイフ=怖い」と多くの人が思いこみます。

青少年凶悪化説の流れ

その後、西尾市ストーカー殺人事件(一九九九年)、西鉄バス・ジャック人質殺傷事件(二〇〇〇年)、豊川市主婦殺害事件(二〇〇〇年)を経て、極めつけの佐世保の小六女児による同級生殺害事件(二〇〇四年)まで、青少年ネガティヴ・イメージ商品は、(その前の商品によって)大衆に広まった青少年凶悪化のイメージに上乗せする仕方で、次々と切れ目なく売れ続けました。これまでの青少年イメージを前提とした報道が、さらに青少年の凶悪イメージを再生産し続けるのです。

こういった事件が起きると、マスコミが非常に細かく取材して報告します。それ自体はそれほど悪いことではないのかもしれませんが、その際に、加害者のメンタリティの問題、心の問題だということを、いろいろと挙げていくわけです。「誰だってそのぐらいのことは感じそうだ」というようなことをたくさん取り上げます。

すると、それが現代社会の病理だということになります。昔はこういうことはなかった。物質的には豊かになったが、心は貧しくなって、最近の若いやつはこんなに人を殺すようになって、歪んだ若者がたくさんでてきた、と論じられます。

マス・メディアのほうも熾烈《しれつ》な視聴率競争をしていますから、こんなこと本当はでたらめなんじゃないかな、と腹のなかでは思いながらも、「凶悪化した青少年」の報道をせざるを得なくなるのです。これが青少年の凶悪化説の流れなのです。

しかし、ほんとうに青少年は凶悪になっているのでしょうか。

凶悪事件が増えたとの「思いこみ」

そもそも、よほど治安の悪い国でないかぎり、平均的な生活を送る人々にとって凶悪事件は直接的には縁遠いものです。それは、マス・メディアによる報道とそれに対する面識圏(顔見知り)の反応という文脈のなかで、意味がパッケージ化されて、はじめてリアルに体験されます。マス・メディア体験やそれを話題にした隣人たちとのコミュニケーション(おしゃべり)に基づくリアリティ構成の文脈のなかで、はじめて人々は、そこにリアルな問題があるとして注意を向け、熱心に報道や論評に反応します。

またそのことではじめてマス・メディア商品が売れます。

そしてマス・メディアが社会的文脈のなかで商品を製作して売る活動そのものが、同時に大衆の生活体験を媒介して当の社会的文脈を構成するのです。

ひらたく言えばこういうことです。①テレビや新聞雑誌を見たり、テレビや新聞雑誌で見たことを仲間内でしゃべったりする体験によって、「世の中はこうなっている。ここが問題なんだ」という現実感覚《リアリティ》がつくられます(リアリティ構成)。と同時に、②こうしてつくられた大衆の現実感覚を前提にして、この現実感覚にうまくフィットして売れるように、テレビ局や新聞・雑誌社はメディア商品を生産します。このように①と②が相互に次の時点の形成の取っ掛かりにし合うことを、マス・メディアの再帰性(reflexivity)と呼びたいと思います。

このようなマス・メディアの影響により、現在ではほとんどの人々が、青少年が凶悪化したと信じるようになっています。統計があるのでみてみましょう。

『少年非行等に関する世論調査』（平成一七年一月実施、内閣府）によれば、「青少年による重大な事件などが増えていると思うか」という問いに対して、

「増えている」……………………………九三・一％
「ほとんど（全く）増えていない」…………四・三％
「減っている」……………………………〇・二％

でした。

この同じ調査で、「周囲で起こり問題となっている少年非行」について聞いたところ、回答は上位から順に、

「特にない」……………………………三四・九％
「喫煙や飲酒、深夜徘徊などの不良行為」…二一・九％
「バイクや自転車などの乗り物盗」………二〇・五％
「万引き」………………………………一八・八％

となっています。

「重大な事件」に関わりがありそうな項目としては、
「強盗・恐喝事件」……………………六・一%
「刃物などを使った殺傷事件」…………三・八%
です。
ほとんどの人々は、マス・メディア以外で、生活圏において「青少年による重大な事件」を見聞きしていないのです。つまり、自分たちの生活の範囲では、「隣りのあの人が」とか、「お向かいのなんとかさんの息子が」といった体験は全くないにもかかわらず、九三・一%の人が、「若いやつが、なんだかとんでもなく重大な事件を起こすような時代になった」と信じ込んでいるのです。
この統計データは、人々が青少年の凶悪化を信じるのは身辺の体験、生活に即した仕方によってではなく、マス・メディアの報道を通じてであるということを強く示しています。

青少年の殺人は増えているのか

さて、それでは青少年は実際に凶悪化しているのでしょうか。

以下、殺人と強姦についての警察統計を凶悪化の指標として用いて、検討してみたいと思います。

青少年が凶悪化しているのであれば、青少年による殺人と強姦は増えているはずです。青少年が凶悪化し、かつ殺人も強姦も激減しているなどということはありえません。

ところで、警察活動を用いた犯罪統計を参考にするときに、注意しなければならないことがあります。

実際に起きていても、警察によって認知されない犯罪の数を「暗数」といいます。窃盗などは、警察の方針や忙しさによって数値が激しく上下します。凶悪犯罪に含まれる強盗は、恐喝との区分が警察の方針によって変わり、そのことによって激増した可能性もあります。

警察にとって、もっともいいかげんに扱いにくく、暗数が小さい罪種は殺人です。青少年が凶悪化しているかどうかを見る場合、他の罪種と比べて相対的に、殺人の数値は有用な目安となります。

さて、グラフ1を見てください。一〇―一九歳人口一〇万人あたりの二〇歳未満の殺人検挙者数の経年グラフです。

あきらかに、現在の青少年は、過去に比べて人を殺していないことがわかります。殺人統計は、青少年が凶悪化していないことを強く示しているのです。青少年は、マスコミの報道

グラフ1　20歳未満の殺人検挙者数の人口比
（10−19歳人口10万人あたり）

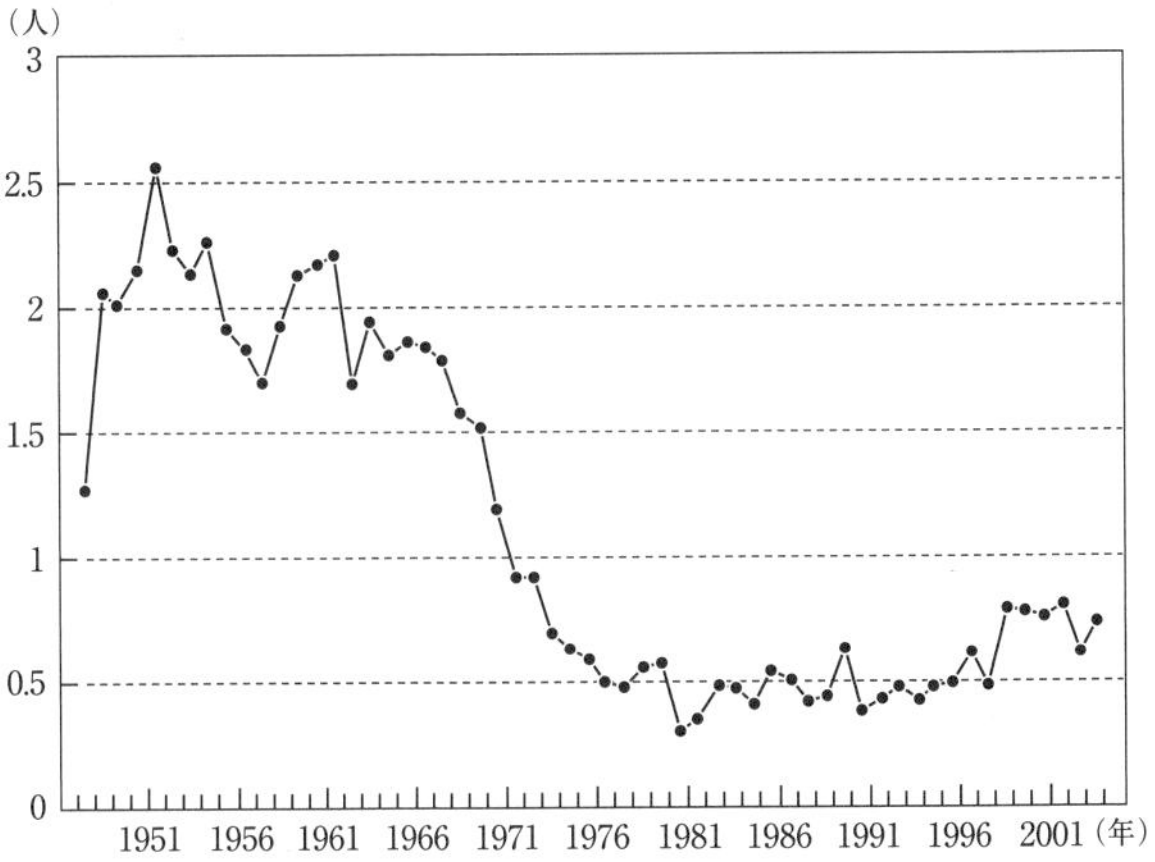

とは裏腹に、どんどん人を殺さなくなっています。

強姦のドラスティックな減少

次に強姦をみてみましょう。

強姦は、泣き寝入りによる暗数がきわめて大きい罪種です。でもそれは、以下のような方法で泣き寝入り傾向を考慮に入れることで、青少年が凶悪化したかどうかの有用な指標となります。

強姦の泣き寝入りは社会の保守的傾向によって増大します。保守的な社会であればあるほど、泣き寝入り率は高くなります。かつての、より保守的な社会では、被害者の側のほうが「汚れた」者として扱われていました。被害者は、被害を訴えれば加害者のみならず周囲の人間世界全体から迫害されがちでしたので、当然のことながら、被害者は泣き寝入りするしかなくなります。逆に保守的傾向が弱まった社会ほど、告訴に踏み切る傾向が強くなります。

そして女性に対する社会の保守的傾向は、どう考えても、戦後現在に至るまで弱くなっていることは事実です。

また、一昔前の警察官は、強姦を、「なんだ豆泥棒か」「お嬢さん忘れなさい」といった感覚で扱う傾向がありました。被害者が処女でなかった場合には、「どうせあなた処女じゃなかったんだから、まあいいでしょう」などといった暴言が吐かれていたような時代ですから、警察の側のやる気もあまりなかったのです。

しかし、現在では、被害者に対して女性の警察官が、（過去に比べればそれなりに）真摯に、懇切丁寧に対応するようになっています。そしてきちんと起訴されるケースが増えています。警察のやる気のない対応が「泣き寝入り」をもたらす傾向は、明らかに過去にさかのぼるほど大きいはずです。

またDV（ドメスティック・バイオレンス）加害者への処罰傾向が示すように、現在の方が過去よりも女性に対する人権意識が高まっています。

グラフ2　20歳未満の強姦検挙者数の人口比
（10−19歳人口10万人あたり）

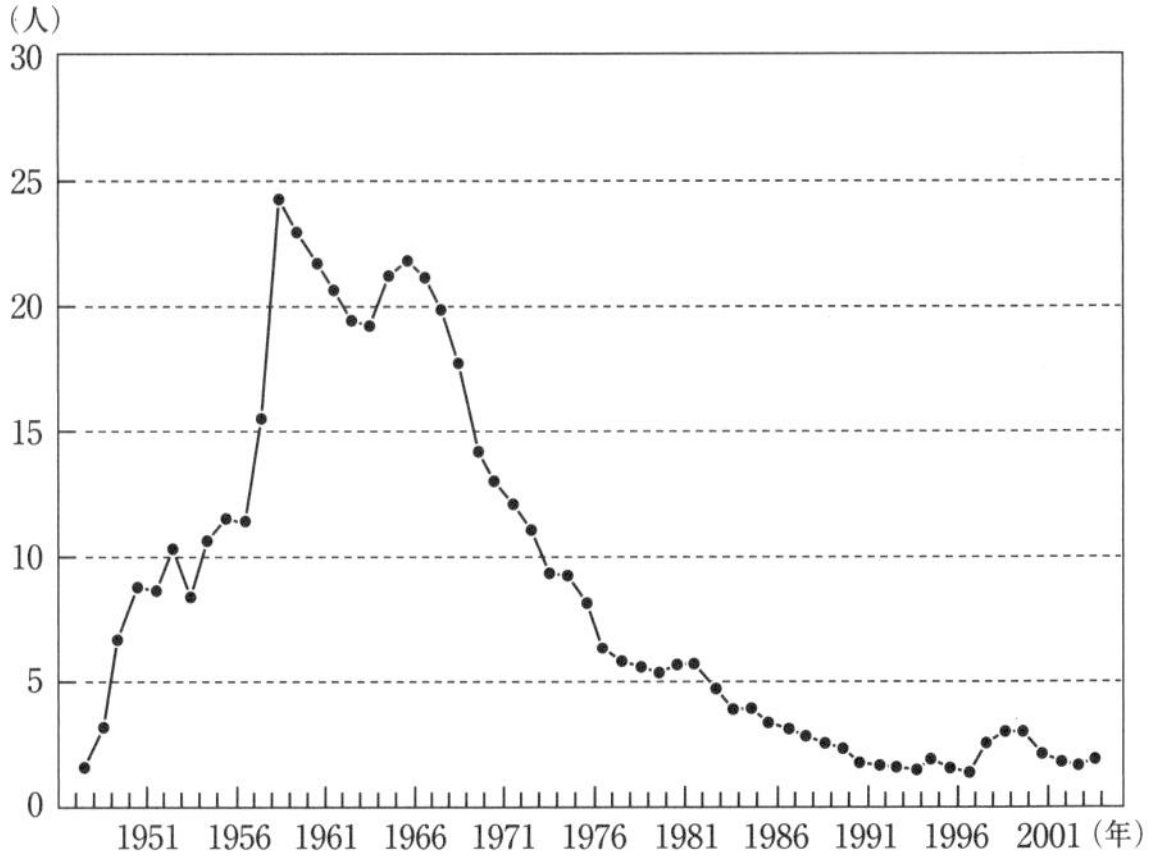

これらのことを考慮に入れれば、統計上の数値は過去の方が少なめに、現在の方が多めにバイアスがかかっているはずです（もし仮に現在と過去で強姦の実数が変わらないと仮定すれば、統計上の数値は現在の方が増えているかのようなグラフを描くはずです）。それにもかかわらず、二〇歳未満による強姦の統計上の数値が激減しているとすれば、実際に青少年が過去に比べて強姦をしなくなっていると考えてよいでしょう。すなわち強姦の統計は、時間の経過とともに右下がりの（時とともに減少する）グラフを描く場合には、青少年の「凶悪化」仮説を却下する指標の一つとなります。

さて、数値はどうなっているでしょうか。グラフ2は、一〇―一九歳人口一〇万人あたりの二〇歳未満の強姦検挙者数の経年グラフです。強姦はドラスティックに減っています。グラフ2の統計上の数値だけでも驚くべき急カーブで減っているのですが、先程述べた理由により、実数はもっと大きな急カーブで減っていると考えられます。強姦の統計もまた、青少年の凶悪化を支持していないのです。

以上のように、統計を見る限り、現代の若者は凶悪化していません。それどころか、青少年が年々おとなしくなっていることを示しています。

このような統計を見ると現在は、日本の長い歴史の中で若者がここへ来て急激に穏やかになり、肉食獣から草食獣に変化するような、ものすごい変化の時期であると考えられます。そのような時期に、年配者たちは、正反対に、若者を凶暴な肉食獣の典型のように描きます。そして多くの人が、穏やかになった若者の牙を恐れるようになったのです。

2 佐世保事件にみる諸問題

紋切り型の事件報道

さて、マス・メディアによる青少年ネガティヴ・キャンペーンの概略と構造、さらにその統計的誤りについては、ご理解をいただけたかと思います。

次に、佐世保の事件に注目してみます。先にも述べましたように、この事件の報道には、マス・メディアの問題点が凝縮されています。この事件に関するマス・メディアの主張を批判的に検討しながら、青少年報道の有する問題とそのメカニズムを論じたいと思います。

二〇〇四年六月に、長崎県佐世保市で六年生女児（一一歳）が同級生の女児を殺害しました。二人は親しい間柄で、インターネットでもやりとりをしていました。殺害方法は、後ろから手で顔を覆い、カッターナイフで首を切るというものであり、女児が好んだ『バトル・ロワイアル』にも出てくるものです。

識者たちはこの事件を引き起こした要因についてさまざまなコメントを行っています。しかし、佐世保の事件に固有というよりも、青少年問題についての従来の紋切り型を反復しているものがほとんどです。

マス・メディアに登場した論調のすべてに言及することはできませんが、代表的なものをいくつかあげてみましょう。

①前代未聞の事件を最近の青少年一般の凶悪化傾向を示すものと捉えて警鐘をならす。
②最近は物が豊かになったが、その反面、人間性が本来の自然の姿から離れたという疎外論。
③学校が息苦しい閉鎖的な空間になっている。
④思春期は人間関係が過敏で不安定なものになり、過度にべたべたしたり残酷なことをしたりする。
⑤インターネットでは普通の生活では出ないような邪悪な面が増幅されてしまう。
⑥『バトル・ロワイアル』のような映像メディアが悪影響をもたらす。
⑦少子化により社会性が失われた。
⑧インターネットや映像メディアのような「本物」でない仮想世界と現実との境があいまいになった。

これらの紋切り型の論調について、一つずつ詳しく検討してみましょう。

①前代未聞の事件が示す青少年の凶悪化

このタイプの言説は、青少年問題に関して特に執拗《しつよう》に反復される紋切り型で、神戸の事件以来、爆発的に増大しています。前に述べたように、統計は青少年の凶悪化を否定しているにもかかわらず、です。

そもそもきわめて珍しい事件を取り上げて、それでもって青少年全般を代表させるのは誤りです。

佐世保の事件は、人口一億三〇〇〇万弱の日本で一〇年に一度起きるか起きないかわからないような珍事です。これが多くのふつうの子どもたちを代表する事件だとは、とても思えません。

しかし、この事件の後、テレビを見たり新聞や雑誌を読んだりした中のかなりの人が、この事件は近頃の若い人の傾向を如実に示す事件だ、と捉えることになります。

何か大きな事件が起こると、それを「現代社会の病理」として捉えるようなしくみができてしまっています。多くの人にとっては関係のないような、珍しい、トリビアに過ぎないはずの事件を、自分に重なることのように捉えてしまう、というトリックがあるのです。非常に珍奇な事件を拠り所として、「それでは私たちの時代はどうなってしまっているのだろうか」というようなことを、悩ましく論じたり考えたりする、という奇妙なことが起きています。

しかし、珍奇といっても現代に特有な前代未聞事ではありません。過去の記録を調べると類似の事件はいくらでも見つかります。

　例えば一九四八年一二月一三日付の『毎日新聞』（西部）には、部活を母に咎《とが》められたのを根に持って、一五歳少女が家族の夕食に亜ヒ酸（猛毒のヒ素化合物）を入れて妹二人を殺したという記事があります。部活で帰りが遅くなって母親に叱られたことが原因で、家族を皆殺しにしようとたくらんで、実際に妹二人が亡くなってしまったという事件です。今であれば酒鬼薔薇聖斗や佐世保の事件と同様に大々的に報じられるはずですが、当時はベタ記事です。

　新聞が割くスペースというのは、その事件が当時の世の中でどの程度重大なものと思われていたのかを示す一つのバロメーターです。ところで、同じ面にはこの記事の二・五倍のスペースで、「投手に仮病を強要」という高校野球の不祥事が掲載されています。対戦相手の投手に、ちょっと仮病を使って休んでくれと頼んで、勝利した、という甲子園野球の記事です。

　この時代の人々にとっては、一五歳少女がヒ素を使って妹二人を殺したという事件よりも、高校野球の方が大事だったのです。子どもは「ガキ」だとか「ジャリ」などと呼ばれるような存在で、それほど大人の興味の対象ではなかったのです。大人は高校野球を肴にお酒を飲んだり、金儲けに必死で、暮らしていくのに一生懸命だったのです。子どもや教育の問題を

投手に仮病を強要
甲子園出場校入替えに工作
ファンの声に動かさる
原口、木舎両氏東京へ移送
国営 小倉競馬
第一競走 11時
12月 18・19・22・25・26
母が殴ったので

『毎日新聞』（西部）1948年12月13日付。右上より「投手に仮病を強要」の記事が6段のスペースで報じられているのに対し、少女による亜ヒ酸殺人の続報（スペースは初報とほぼ同じ）はたったの2段（左下「母が殴ったので」）

神聖なものとして扱うような余裕はありませんでした。

とまあ、このようなことが見事に忘れ去られています。今は子どもが少し何かしでかすと、われわれのコスモス＝意味の世界が壊れてしまう、と過剰に恐れる大人たちがいます。「世の中がこんなに不透明になって不安でたまらない」と、弱っちょろい大人たちが捉えて、それをマス・メディアが煽るという構図になっているのです。

憎しみや不安が向かう対象が子どもや若者になっていることには、やはりトレンドがあるのだと思います。もちろんこの時代、一九四八年の人々は、今よりももっと不寛容で、憎しみに満ちていて、強烈な暴力的な人々が多かったと思うのですが、この時代にはたまたま「子どもや青少年がおかしい」という方向には向かわなかった。不安と憎悪の矛先は例えば、「アカを殺せ」とか、「朝鮮人どもめ」とか、もしくは左翼の人々では「資本家を倒して革命を起こせ」などという方向に向かっていて、大人同士でラジカルに、暴力的な意識を展開させていました。公民館か何かで日教組の人が講演会を開くと、「おまえらはソ連へ帰れ」などとどなりあっていた時代です。

また、そもそも子どもは神聖なものという感覚が希薄でしたから、子どもに不安の矛先を向けるようなトレンドが成立していなかったのでしょう。

②物質的に豊かになったが、人間性が本来の自然の姿から疎外された

このたぐいの言説は、高度経済成長以前の日本にあった「自然」あるいは「大地」と共にある生活を想定しています。そしてさまざまな事件を、物質的に豊かになった代償として人間が「自然」から切り離されたことによる悪影響の表れと考えています（ちなみにこの「自然」なるものは、①「人間本来の」という意味と、②「人間の手が加わらない」という意味が、でたらめに混ぜ合わさった奇妙な概念です。しかもなぜか、新しい技術はアンチ「自然」に、古いローテクは「自然」の方に位置づけられます。例えばかつて農業や蒸気機関車は、それが出現する以前の自然環境をひどく破壊した前歴があります。しかし、それにもかかわらず、今では農作業や蒸気機関車の運転は「自然体験」の扱いになります。この調子でいけば、百年後にはパーソナルコンピュータの操作が、「自然体験」になるでしょう）。

しかし実際は、高度経済成長以前の「貧しい日本」で育った世代のほうが、はるかに人を殺していますし、自殺率も高いのです。

また貧乏な時代の犯罪は「貧しさゆえの」単純かつ直截なもので、豊かになった時代ほど犯罪の様態が「人間的に歪んで」いるという言説も多いのですが、過去の記録を調べてみますと、貧乏な時代でもよく似た「歪んだ」犯罪を多数みつけることができます。

例えば、私が日本中の図書館に入れるべき本だと思っている、赤塚行雄編『青少年非行・犯罪史資料　1～3巻』（刊々堂出版社）という分厚い本を読みますと、高度経済成長前の「自然と共に」生きていた貧乏な人々が、どれだけ歪んだ変態的な犯罪を犯していたかというのが、非常によくわかります。

じつは、殺人や強姦というのは、決して「貧しさゆえの単純かつ直截な事件」として起こるのではなくて、やはりよほど歪んだ人間が起こしていることが多いのです。

さきほどのグラフをみればわかりますように、高度経済成長以前の、人間が自然と共に生きていた、大地に足をつけて生きていた時代の人たちは、現在よりもずっと多くの殺人や強姦を犯しています。変態的な人も多かっただろうと思います。これを見ていてしみじみ思うのは、大地に足をつけないで、コンクリートに足をつけて、車に乗って豊かに生きている人のほうが、やっぱり善良なのだろうということです。歪んでいない、より素直なのです。

昔多かった殺人や強姦というのは、決して、貧しさゆえの単純かつ直截なものだったわけではないと思います。昔の環境のほうがより憎悪に満ちた、歪んだ人間を育てていた可能性を考えるべきです。

③学校は息苦しい閉鎖空間、④思春期は人間関係が不安定

これらは一般論としては正しいと思います（拙著『いじめの社会理論』（柏書房）参照）。私はいつも、学校が閉鎖的な空間であることを指摘していますし、思春期は人間関係が不安定で、非常にべたべたしたり、残酷なことをしたりしがちな年頃で、問題を抱えやすい時期である、というのも同感です。

しかし、こういった要因が、ほかならぬこの事件の説明になるかと言えば、疑問です。

くり返しますが、佐世保の事件は、人口一億三〇〇〇万弱の日本で一〇年に一度起きるか起きないかわからないような、きわめて珍しい事件です。それに対して、識者たちが指摘するような子どもたちの生活空間のマイナスファクターは、もっとありふれたものです。それを、この珍しい事件の要因として取り上げることに意味があるのか疑問です。

同じ当て推量にしても、加害女児に固有な、なんらかの特殊な主要因Xに、思春期ティーンエイジャーが一般的にさらされている③、④のような構造的な要因が加わったのではないか、と考えたほうが、まだ自然です。

若い人は多かれ少なかれ構造的に、上記要因③、④にさらされた生活を送らざるをえないのですが、Xのような特殊要因がないかぎりは、人を殺すまでは至らないでしょう。

加害女児の個別性Xが極めて珍しいものである場合、それは多くの子どもたちの窮状を論じる事例としては的外れということになります。Xについては、きちんとしたデータが入手可能なものとして出揃うまでは、分からなさに耐えるしかありません。

ところで私は、組織内の人間関係やいじめのメカニズムについて研究し、自由な社会の構想を練る立場にあります。そして常々、「学校は息苦しい閉鎖空間になっている。そのうえ思春期は人間関係が不安定で、狭くるしいところにずっと囲い込んで、べたべたさせるのはよくない」と提言してきました。今回の佐世保の事件は、自分の政治的目的のために、「だからこのような事件が起きる」「だから学校をもっと開かれた場所にするべきだ」というように、（低レベルな仕方で）使うこともできた事件でした。しかし私は、目的のためには手段を選ばず、ということはしませんでした。最低限のプライドをもった専門家として、そんなことはできないのです（青少年の凶悪化や「ゲーム脳」を世に広めている人たちは何なのだろうと思います）。

私も、おそらくそういう答えを期待されて、新聞社や通信社からコメントを求められることもありましたが、やはりその期待に応えることはしませんでした。たしかに、マイナスファクターとしては、息苦しい閉鎖空間というのはあったとは思います。でも、この佐世保の事件の要因としては、とてもではないが使えるようなものではありません。

私は新聞コメントの前半で識者批判をし、そのうえで「この事件の要因であるか否かを問わず……」として一般論につなげる、という戦略をとりました。こうして、事件を枕に記事を生産するというメディアの要請と、専門家として社会に有益なプライドのある発言をしたいという私の立場をうまく両立させたわけです（マス・メディアとしては、良心的な専門家ほど発言に対する「留保」が多くて使いにくく、良心的な専門家としてはでたらめなことを言うのはプライドが許さない――というわけで、結果的にでたらめなことを言う専門家ほど発言力が大きくなるという構図があります）。

やはり、加害者に特有の独自の要因があって、そこに多くの人が一般的に被《こうむ》っている状況が加わっただけだろう、と考えるのが良識ある態度でしょう。そして、さきほどのX、つまり加害児の固有の状態というのは、事件の概要を聞いたぐらいでは誰にもわからないものなのです。

⑤インターネットが人間を狂わせる

人々はインターネットのような新しい技術の影響に対して、古いものに対するよりも敏感な反応をします。

例えば、電話機が普及すると、みんなが長電話をするようになって生のつき合いをしなくなった、という言説が登場しましたし、ポケット・ベルが出て少女に普及すると、「ポケベル少女たち」と名付けられて、非常に心配されました。

こういった過敏反応を差し引いても、たしかにインターネットには、現実感覚の諧調《かいちょう》を狂わせるような奇妙な作用があります。人は独りで自己や他者のイメージをいじくりながら、さまざまな憎悪や欲望や不安に淫《いん》する「内面」と呼ばれる空間をもっています。通常それは公的あるいは社交的なコミュニケーションの場からは遠く離されているものですが、インターネットではこの「内面」がそのまま唐突に露出しがちです。

例えば、普通に生身の関係であれば、「今日、ちょっと飲みに行かないか」から始まって、飲んでいる席で、世間話を交わしたうえで、「じつは女房に離婚するとか言われちゃって、困ってるんだよ（……に始まって、これまでの人生物語をくどくどくどくど……）」というふうに、段階を経て内面の語りが始まるものなのですが、インターネットというのは、そういった前段をとびこえて、一瞬にして内面に入ってしまうのです。

それは喩《たと》えてみれば、日記を書くというスタイルに近いものがあります。日記というのは、独りでねちねちと自分の内面を、明治時代の小説のように、「ああ、僕はあの子が歩いているのを見て、突然むらむらした。だけど僕は醜い男だから、きっと振られるに違いない」などという調子でぐだぐだと書いていることが多いものです。

インターネットの場合、そういう内面、もっとも奥深くにあるといわれている内面――じつは薄っぺらなものでもあるのですが――や情熱を、他人と一気に距離ゼロのところで露出してしまうわけです。そして露出した人間同士が、距離ゼロのところで、自分の内面を貼り合わせ続けるようなところがあります。そうすると、普段の生身のコミュニケーションでは出ないようなところが出てしまう、というのは確かにあることです。

このメカニズムによって、ネット上に独特の歪んだコミュニケーションが生じることはあります。非常に下品なものも出てくる理由です（私のブログにも、そういうネットコミュニケーションの典型例が陳列されていますのでご覧ください。http://d.hatena.ne.jp/suuuuhi/)。

しかし面識がない者との文字だけのコミュニケーションは、それだけでは重大な結果をもたらすほどの影響力を持ちません。ほとんどの場合、匿名掲示板などで見知らぬ者と泥仕合になった後に、うんざりしておしまいになります。

ネットにおける接触だけが原因で、調査会社に頼んで相手の住所を調べて、新幹線に乗って出かけていって、インターホンを押してぐさっと刺す、というようなことは、ほとんど起こり得ない。リアルワールドの接触なしで、ネットの関係だけで人を殺す、というようなことは、じつはほとんどありません。

ですが、閉鎖空間のもともと危険なべたべたした人間関係が、ネット上にまでもちこされ、ネットの現実感覚変調作用によってさらに危険なものになる可能性は否定できません。佐世保の事件で言えば、日頃から濃密な人間関係があって、それにネットの影響がプラス・アルファされた、ということです。このこと自体は、ネットを原因にする理由にはなっていません。リアルな人間関係のうえにネットがプラス・アルファされているだけです。リアルな人間関係を皆が持たなくなって、バーチャルな関係が原因で事件が起こったというわけではそもそも無いのです。

この事件を、見知らぬ者同士を前提とした「バーチャル」な関係の例としてとりあげることは、まちがっています。事件後大量に出回ったインターネット論議は、しばしばこの誤りをおかしています。つまり、生身の関係ではなくて、バーチャルな空間でなにかおかしなことをするようになった、ということが喧伝されていますが、それは誤った解釈です。

⑥映像メディアの悪影響

統計データは有害メディア仮説を支持しません。さきほど示しました、未成年による殺人のピーク時（グラフ1）には、インタラクティヴ型のビデオゲームなど、強いリアル感をもたらす仮想残酷体験技術は出回っていませんでしたし、残酷体験商品のバーチャル技術が向上した時期に殺人率が跳ね上がるという現象もみられません。ものすごくリアルな、内臓が飛び散ったり血が飛び散ったりするような映像技術の進歩とは逆比例的に、殺人率は低下しています。

また、強姦のグラフをみても、五〇年代、六〇年代の、強姦が非常に多かった時代というのは、今からみれば非常に稚拙なポルノ本しかなかったのです。私が中学生の時は、『平凡パンチ』や『プレイボーイ』などを、親に隠れて友達と集まって見ていましたが、その時代の方が、今より強姦率が高かったのです。

今出回っているアダルトビデオに比べれば、『平凡パンチ』などは、ルーヴル美術館の裸婦のようなものでした。それに比べて、今のアダルトビデオなどは本当にリアルで、すごいものですが、強姦比率というのはどんどん減っているわけなのです。映像技術が暴力や犯罪の凶悪化を招くということよりも、やはり経済成長で豊かになると、人はあまり悪いことをしなくなった、ということのほうがずっと説得力を持って言えるわけです。

映像メディアの影響については、規制するにせよ放置するにせよ、政府は識者に会合を開かせて諮問するスタイルをやめて、きちんとデザインされた社会調査に基づいて政策を遂行すべきです。

⑦少子化により兄弟数が減り、社会性が身につかなくなった

少子化に関していえば、兄弟が少ないほどキレやすく、兄弟が多いほどキレにくいなどということはありません。殺人者の一人っ子率が突出しているなどということはありえないのです。

かつての貧しい時代に起きた事件を見てみますと、兄弟が多すぎて、親の愛情がいきわたらなくて起きた、というタイプの紋切り型の報道がなされていたりします。

ちなみに三〇年以上前に起きた、「小五少女、しかられた腹いせに赤ちゃんをマンホールに捨てる」という事件の記事（『朝日新聞』一九六八年六月二八日付）では、「少女は七人兄妹。家庭では子どもが多いことから放任されがちだった」とあり、兄弟の数が多すぎることが犯罪の環境因として示唆されていたことがわかります。

識者というのはいい加減なもので、貧乏で兄弟が多いと、放っておかれてこんなふうに悪くなったのだ、といいますし、今、裕福になって兄弟が少なくなると、「少子化して、兄弟間や人間関係のぶつかり合いがなくなってきたから、社会性が育たずに、子どもたちがおかしくなった」というようなことを言います。でたらめ放題です。

⑧バーチャル世界と現実の区別がつかなくなった

「近ごろの若い人は、バーチャル世界と現実との境界がわからなくなってしまっている」という常套句は、概念設定自体が混乱しています。

新たな技術によって可能になった仮想世界が、人間の特殊な欲望形成に関わっていて、その欲望が現実世界に持ちこされる、という言い方が正確です。

仮想空間と日常世界、あるいは夢とうつつの境がわからなくなってしまった場合には、現実検討能力までが失われていると言えます。メディアによるバーチャル体験にのめり込んだぐらいで、現実検討能力が失われることはめったにありません（あの宮崎勤でさえ、「あしがつかない」ように犯罪活動の細部に注意を払っていたといいます）。

つまり、欲望の形式が作られるということと、認知的に混同する、あるいは現実検討能力を失うということは、全く別です。

バーチャルの世界と現実の区別がつかなくなるという言い方は、むしろ統合失調症とか、妄想性障害などのように、現実の認知が混同される状態をいう言葉なのです。

考えてみましょう。「区別がつかなくなった」というでたらめな言い方で、指し示されているのは何なのでしょう。それは、欲望が形成されることについてなのです。つまり、バーチャルの世界と現実の区別がつかなくなっているのではなくて、バーチャルの世界の影響で、それがなければできなかったであろう欲望が形成されるという話なのです。しかし識者たちはそれを、「バーチャルな世界と現実の区別がつかなくなっている」という言葉で指摘し、多くの人々がその紋切り型を訳知《わけし》り顔で繰り返します。

繰り返しますが、実際にメディアでバーチャル体験にのめりこんだぐらいで、現実検討能力が失われる、そして精神病水準に至るということは、まずあり得ません。「最近の若者はバーチャル世界と現実の区別がつかなくなった」などという発言をする識者たちの論理的な思考能力のほうがむしろ疑われます。

さらにそれでは、メディアが欲望を形作ることに関して、どれほどの影響力があるのかといえば、さきほども示しましたとおり、これほどえげつない残酷映像やアダルトビデオが氾濫するなかで、殺人と強姦は着実に減っています。ですから少なくとも、経済的に豊かになったことに匹敵するぐらいの大きな影響力は、バーチャル・メディアにない、ということになるでしょう。

実験室の中の心理学では、バーチャル・メディアが欲望の形成に若干影響力があるというような結果が出ていますが、その影響力の強さがどのくらいのものかといえば、犯罪統計を押し上げるようなものではないのです。

マス・メディアの傑出人が不安をさらに煽る

以上、佐世保の事件に即してマス・メディアの紋切り型を批判的に検討しました。
次に、この事件に触発されて制作されたＮＨＫスペシャル『子どもが見えない』、および事件に対する長崎家裁佐世保支部の決定とその新聞報道を批判的に検討しつつ、そこから見えてきた問題や、社会に及ぼす効果を論じてみたいと思います。ここで明らかになることは、佐世保の事件に限らず、青少年を問題にする世の言説に広くあてはまります。

まずは筆者自身が関わった（関わりそこねた）ＮＨＫスペシャル『子どもが見えない』（ＮＨＫ、二〇〇四年）について紹介します。

番組の担当ディレクターから、番組制作にあたって事前に勉強したいと電話がかかってきました。私はいろいろな資料を送って、電話で長時間話して次のようなことを説明しました。

「佐世保の小六殺人のような極めて珍しいタイプの事件には、一般的な青少年の像を描くような代表性はありません。統計的には未成年者による殺人は減っていますし、『凶悪化した』などとは言い切れません。それに対して、傑出した人間にしかできない美談のような青少年へのアプローチを紹介して、それでなんとかなるような幻想を撒き散らすことは控えるべきです。金八先生のような人というのは、人口比で言うと非常に少ないものです。普通のありふれた人が、ふつうに子どもに接して、それでもうまくいくようなよい制度をつくらなくてはいけません」

主にこのようなことを伝えたつもりでした。

しかし実際に放映された番組をみて、仰天しました。番組では、相変わらず青少年の凶悪化を自明の前提にし、子どもたちの一般的な傾向と、代表性がゼロに等しい佐世保の殺人事件の衝撃を短絡的に結びつけ、「近頃のおかしくなった子どもたち一般」に対する疑惑と不安を煽っていたからです。

そして発言者たちの人選というのが、また非常に偏ったもので、犯罪社会学者や統計を知っている人が全く入っていませんでした。

主要発言者は、一人の作家（重松清氏）を除けば、問題を抱えた青少年に対し「熱血でやっています」という傑出したパフォーマンス（をマス・メディアに売ること）によって「世に出た」著名人たちでした。不安を煽るようなＶＴＲの後で、「それではどうしたらよいか」というトピックに入ると、発言者たちは自分の「いっしょうけんめい」を披露します。制作側は彼らの語りに続けて、美談エピソードをはめ込みます。そして、この傑出した人たちのように「いっしょうけんめい」子どもたちに接すれば事態はよくなる、というお手本のメッセージが放たれます。もちろん犯罪統計は無視されています。

NHKスペシャルは、

①極めて珍しいタイプの殺人者を扱うことで「子どもたちはこんなにひどくなった」といった危機意識を煽りながら、

②スーパーマンのような傑出した人が示すお手本のように子どもと接することができなければ、おまえの子どもは殺人者になってもおかしくないのだぞ、という不安をかきたてる、

という効果をおよぼします。

後者(②)は意図的ではないにしても、結果的にそういう効果を及ぼします。前者(①)については、制作側は統計データをはじめ筆者がディレクターに話したり提供した内容を知っていて、なおそれを無視し、確信犯的に煽っていると思われます。

こうして、ふつうの子どもたちの話と、佐世保の事件の加害者とをごっちゃにして意図的に煽っている番組が放映されました。

視聴者の側は、傑出人にしかできないことを「こういう風にすればいいのだよ」と示され

ると、ますます不安感を煽られます。こんな風に熱心なお母さんにならなければいけないのでしょうか、とか、こんな風にスーパーマンのような熱血的なお父さんにならないとだめなのだなあ、とか、あんな風に素晴らしい先生に指導されないと、ひどい育ち方になってしまう、などという感情で満たされてしまいます。これはマス・メディアの煽り方の典型的な例だと思います。

矛盾に満ちた家裁の決定とその報道

次に、長崎家裁佐世保支部の決定要旨発表に潜む問題を取り上げたいと思います。また、この決定要旨の論理が大々的に報じられたことが及ぼした影響について論じたいと思います。

二〇〇四年九月一五日、長崎家裁佐世保支部は、女児の精神鑑定を元にして二年間の施設収容を決定し、その理由を決定要旨としてプレス・リリースしました（二〇〇四年九月一六日付『朝日新聞』など）。家裁はただ処分を決めただけでなく、マス・メディアを通じて社会に働きかけを行ったのです。

この働きかけには二つの効果がありました。

第一に、これまで公開されないことによって隠されてきた、少年を扱う法システムの矛盾を明らかにしたことです（後出の仮定法的保護主義）。

第二に、どこにでもいそうな「ちょっとズレた子」や「ぼんやりした親」に対する疑惑のまなざしと不安を煽りたてました。以上この二点について順に論じます。

ご存知のとおり、刑法は、窃盗であれ殺人であれ、どんな行為項目に対しても十把《じっぱ》一絡《ひとから》げに、一四歳未満の責任を問いません。一四歳未満の場合、人を殺すという行為自体の責任を取らせることができないのです。公的執行機関は、ただその人の健全育成のための福祉的な措置をとることができるだけです。ですから、一四歳未満の人が人を殺した場合、「人を殺すぐらいだから、極めて劣悪な家庭環境にあるか、精神科的な問題を有している可能性が大きいから調べよう」ということになります。

そして調べた結果、健全育成のために強制してでも保護しなければならないほどの負因を見出した場合にのみ、施設に収容することができます。

さて、戦国時代などの歴史が示すように、人を殺してもそれ以外の面で健康であるということは、ありうることです。戦国時代にさかのぼらなくても、ナチス政権下でユダヤ人を虐殺したかどで捕らえられたアイヒマンは、まったく平凡なパーソナリティの持ち主であることがわかり、世界を震撼《しんかん》させました。

もちろん一四歳未満でも、そのようなことは大いにありうることです。人を殺した人がごく普通の家庭環境で育つこともありえます。人を殺したという点を除いては、どう考えても長期の強制的な保護を要するほどの成育環境的および精神科的な負因が見出せないこともありうることです。

ここで原理原則的に法の保護主義に従えば、もし人殺しをした一四歳未満にそのような負因が見出せない場合、次の日から通常の生活を送ってもかまわないことになります。つまり法の原理によれば、今回の佐世保事件に関しても、もし家庭環境的にも精神科的にも問題が見出せないことが分かれば、その翌日から、すぐに元通りの生活を送らせることができるはずです。

しかし果たして、それができるでしょうか。

できるわけがありません。これだけ社会を騒がせた残忍な事件の加害者を、もっぱら教育的に保護すべき一四歳未満だからというだけの理由で何事もなかったかのように通常の生活に戻すことは、現実的に不可能です。そんなことをすれば、教育が人権の上位に位置することになり、人権や個の尊厳といった、われわれの社会の根本価値が崩壊してしまいます。

つまり価値の序列において、（被害者の）人権がたかが教育ごときの格下に成り下がってしまい、社会の根本価値としての位置づけが失われてしまうのです（人権よりも教育が好きな日本の「人権派」は、殺人に対する厳罰主義に反対することで、社会の根本価値としての人権を破壊しています）。

しかし、法によればそうすることになっています。しかしそれでは実際問題困る――。そこで、今回の長崎家裁の決定にみられるような、苦し紛れのこじつけがなされることになります。

決定要旨は、女児の精神的な「かたより」を細かく指摘します。女児はコミュニケーション・スキルが低く、怒りなどの感情の分化や共感性の発達が未熟であるそうです。しかしこれらは「軽度」であり、精神的な障害は認められないとしています。なぜかこの軽微な「かたより」の記述に紙幅のほぼ半分が費やされ、それが後で効いてきます。

「処遇の決定」の節では、両親が女児を「おとなしく手のかからない子」と認識したために、情緒的働きかけが不十分であったとか、病気や失業で子どもに十分な関心が向けられなかったといった、家庭環境への評価がなされます。この家庭環境のマイナス評価に、前半の精神的「かたより」の評価（「軽度」ではなかったのか！）が加えられて、二年間の施設収容が必要であるとされます。

この家裁の決定理由は誰が見ても矛盾に満ちています。マス・メディアに報道された絵日記やホームページを知る者は、女児の高いコミュニケーション・スキルに感嘆します。もちろん家裁が決定要旨で描いた程度の「変わった子」や「ぼんやりした(関心不足、情緒的働きかけ不足!の)親」は、周囲を見渡せばいくらでもいます。

家裁は正直に、「この程度のズレた子やぼんやりした親は、周囲をみわたせばいくらでもいる。女児が人を殺すに至った心理的・成育環境的な理由はわかりません」と白状すべきでした。

それでは家裁は何をしたのでしょうか。

文法に仮定法というものがあります(高校の英語を思い出してください)。それは「実際にそうではないが、あえて事実に反して仮にそうだと想定すれば、こうなるのだが」というモードです。家裁は仮定法的に、「実際には刑法で裁くわけではないが、もし仮に刑法で裁いたとすれば、このぐらいの罪になるのだが」という量刑に比例して、現行法の枠内で最大限施設に監禁できるように、女児の精神科的・成育環境的な負因を針小棒大に見積もったのです。この「仮定法的保護主義」の矛盾が、プレス・リリースによってあからさまになりました。

もとはと言えば、軽微な窃盗も殺人も同一水準に配置《いっしょくたに》して、ありとあらゆる行為の責任能力を一四歳で区切る現行法に無理があるのです。この無理の尻ぬぐいを、前述の「仮定法的保護主義」によって行うために、精神医学や臨床心理学が針小棒大にねじ曲げられ、濫用されます。

しかし、責任能力の線引きを、従来の年齢のみ（一四歳）から、年齢と行為類型の二軸から行うように、刑法を改正すれば、このような弥縫策《びほうさく》は不要になります。

「殺人鬼を育ててしまう」不安が親を襲う

さて、家裁はこのように、心理学や精神医学の断片的知識を濫用しながら、どこにでもいそうな「すこしズレた子」や「ぼんやりした子育てをする親」の特徴を、加害女児とその家族から拾い上げ、それを針小棒大に見積もって殺人という結果にこじつけたのでした。

そしてこの「濫用された心理学」は、マス・メディアの報道と解説を通じて、「ありふれた普通の人たち」への不安な警告となりました。

例えば、家裁の決定要旨を受けて、『朝日新聞』社説は次のように述べます。

「両親は情緒的な働きかけが十分ではなく、おとなしく手のかからない子として問題性を見過ごしてきた。女児への目配りは十分ではなかった――。（…中略…）どこにでもいる子が、ふとしたきっかけで殺人を犯すことがありうることを指摘し、子育てのあり方を改めて考えさせようとした。家裁の決定はそう読むべきなのだろう。何よりも親が子どもの目線に立って、わが子に向き合う」（二〇〇四年九月一七日付、朝刊）。

つまりこういうことです。

普通の子どもも、いつなんどき「殺人鬼」に変身するかもしれない。一見「要求の少ない、育てやすい」子どもに安心してはいけない。子どもは本来、欠乏に反応して四六時中わめいているものだ。「ちょっとズレた子」の内部には、「子どものおとなしさに安心してぼんやりした（＝情緒応答性不足！の）子育て」に起因する恐ろしい「かたより」が潜んでいるかもしれない。絶えず子どもの心を覗き込み、一挙手一投足に注意を集中して、「かたより」の「しるし」を探し出さなければならない。そして必死になって子どもの心に共感しなければならない。この作業を怠ると、あなたの子どもは殺人鬼になってもおかしくない――。

神戸の事件以来、これに類する疑惑と不安のメッセージが新聞雑誌やテレビから垂れ流しになっています。

3　ニートをめぐる「祭り」の状況

相互に流用される「いいがかり資源」

ここまで、特に佐世保の事件を例にとって、マス・メディアを中心とした言説に潜む問題点についてかなり詳細に検証してきました。つまり現在では、子どもに対する接し方や、教育の仕方を少しでも間違うと、子どもたちはこんなに恐ろしい殺人者になってしまうかもしれない、という不安が撒き散らされているのです。

これまでの青少年ネガティヴ・キャンペーンを分析すると、青少年問題にかぎらず、何かを問題として流行させるキャンペーンの基本的なメカニズムを抽出することができます。私はそれを、「いいがかり資源」と「ヒット商品」の理論として提出したいと思います。それは比較的不変の「いいがかり資源」を組み合わせて、新しい「ヒット商品」が、「先行ヒット商品」のイメージに上乗せする仕方で移り変わっていく、という理論モデルです（図1および図2を参照。ここではアイデアのラフスケッチを出します。別の機会にこれを主題にしたものをまとめるつもりです）。

さて、青少年に対するネガティヴ・キャンペーンは、ここまで述べてきたような「若者＝凶悪イメージ」と、もう一つ、「若者＝情けないイメージ」の二筋の言説を混ぜた仕方でなされてきています。つまり、青少年ネガティヴ・キャンペーンの場合、「ヒット商品」には、「凶悪系」と「なさけな系」の二系列があります。

この二筋の言説は、多くの場合、同じ共通の、「いいがかり資源」（図1を参照。佐世保事件における①〜⑧の論調にみるような、紋切り型――モノが豊かになって自然から疎外された生活、インターネット、少子化、バーチャルリアリティ――など）を元に作られています。「いいがかり資源」は、組み合わせによって問題を「凶悪系」にも持って行けるし、「なさけな系」にも持って行ける、というような構造になっています。実際、同じ「いいがかり資源」を、「凶悪系」にも「なさけな系」にも使いまわすことがよくあります（図1）。

図2をご覧ください。青少年ネガティヴ・キャンペーンの「ヒット商品」は、「先行ヒット商品」のイメージに上乗せする仕方で、流行モノとして短期間で移り変わっていきます。しかし、キャンペーンのための「いいがかり資源」については、長いあいだ変わらない同じものを、いわば使いまわしています。新技術による「生の現実との乖離＝バーチャル的なものの悪影響」をとりあげた「いいがかり」のつけかたは、インターネットでも携帯でもポケベ

図1 凶悪系となさけな系で流用し合ういいがかり資源

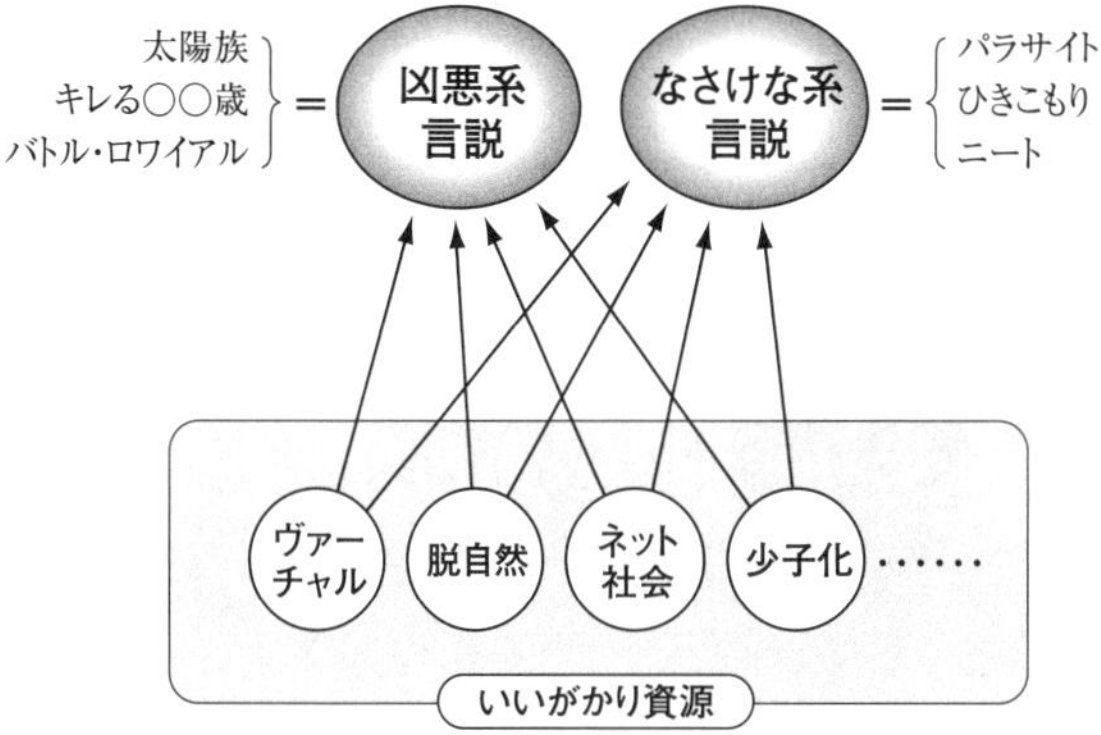

ルでも電話でも変わりません。

「バーチャル的なものの悪影響」などというのはまさに、「凶悪系」では「現実とバーチャルの区別がつかなくなって人を殺す」という捉え方ができますし、また「なさけな系」では「バーチャル空間にひきこもってしまって、ニートが増える」などという捉え方もできます。

また、「情けないやつがひきこもって、追いつめられて人を殺す」、というふうに、「凶悪系」と「なさけな系」を交ぜて使うことも可能です。

このように、「なさけな系」の言説と「凶悪系」の言説というのは、じつは相互に「いいがかり資源」を流用しあっている

図2　メディアのヒット商品の流れ

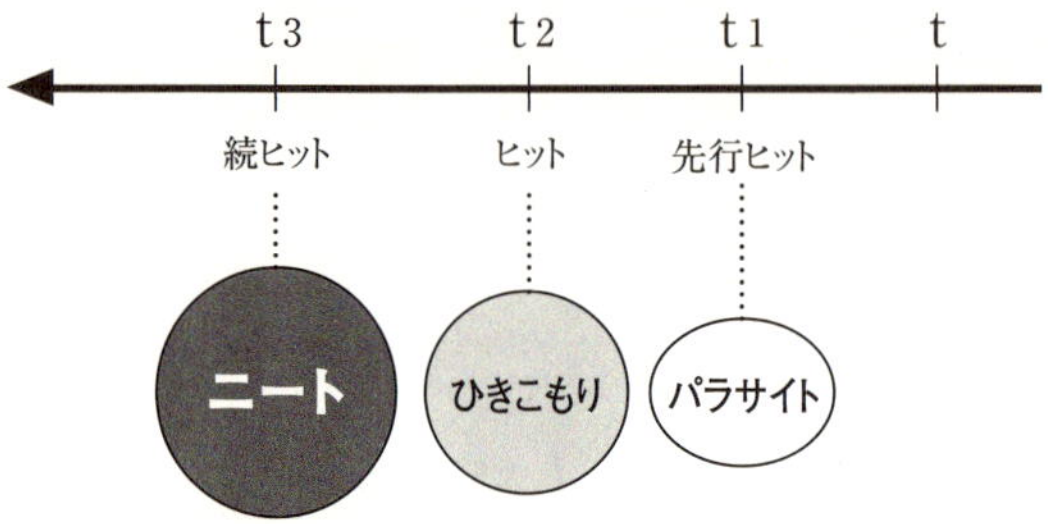

わけです。

情けないイメージを流布するキャンペーンは、最近にわかに起こったニートの問題化によって、これまでにない盛り上がりを見せています。

先行ヒット商品「パラサイト」「ひきこもり」

ニートという言葉が最初に使われだしたのは、九〇年代イギリスでのことです。イギリスのニートは、現在日本で喧伝されているニートとは異なり、もっぱら一六歳から一八歳の若者に焦点を絞った概念として使われています。しかも不利な成育環境にある低学歴の青少年が社会的に排除される事態の方に関心が向いています。

それに対して日本版ニートでは、一五歳から三四歳ぐらいまでがニートの範囲とされて、年齢幅がぐっと広げられています。

日本で流布しているニートの情けないイメージは、決して単発に突然出てきたものではありません。そこに至る以前の流行語である「パラサイト」や「ひきこもり」の印象にひきずられたものになっています。というよりも、これら「先行ヒット商品」のイメージに上乗せする仕方で、ニートが流行したと考えられます。

つまり、それまでにマス・メディアで盛り上がっていた「祭り」の残照を資源として、そこに接続して盛り上がったものなのです。

図2にも示しましたが、メディアの「ヒット商品」には必ず先行ヒットがあります。そして、その先行ヒットを資源にして、次のヒットが生じるのです。というのは、大人たちのメンタリティは、基本的に日常生活の体験によってリアリティを感じているのではなく、マス・メディアというまさにバーチャルリアリティを通して現実を見ているからです。

マス・メディアによる強烈な「なさけな系」の「ヒット商品」(「パラサイト」「ひきこもり」)は、しばらくするとやはり飽きられます。すると次のニューウェイヴが起こって、「次はニートでいきましょうや」という感じで出てくるわけです。

この、カタカナで「ニート」としたところも、ファッション的には上手《うま》かったと思います。

さて、ニートがかつての「アプレゲール」や「新人類」や「ゲーム脳」のような流行語となっているのは、今のところ日本だけです。本家本元のイギリスでは、こういう流行にはなっていません。イギリス人の多くは、ニートという言葉を知らないそうです。

日本の新聞雑誌を「ニート」で検索すると、大量の記事のヒットがあります。しかし、英語圏の新聞雑誌を「NEET」で検索しても、それはそれはつつましやかなものです。その多くはほかの意味の「NEET」であって、かろうじて該当した記事のかなりの部分は、『Japan Times』『Daily Yomiuri』『Daily Mainichi』といった日本の英字新聞です。この一年で見てみると、朝日新聞一社の検索ヒット数が、英語圏全体の主要新聞検索のヒット数を超えるほどです。

「心の問題」にすり替えられるニート問題

さて、代表的な論客である玄田有史氏のベストセラー『ニート』（玄田有史＋曲沼美恵、二〇〇四）を見てみましょう。

ニートの急増が未曾有の危機のように言われていますが、著者が出すデータは九七年と二〇〇三年との比較であり、戦後六〇年間にわたるニートの増減が景気の波とともにどう変動してきたのかわかりません。

これは新聞社などがよく使う手法ですが、大きな流れの中のほんの一部分を取り出してグラフにして、「こんなに増えている」というふうに危機を煽るのです。もちろん、過去数十年の中でその数がどう変化しているのか、ということを言わないと意味がありません。たった数年の部分を取り上げて驚いてみても、特にどうということはないのではないのか、という印象をまず持ってしまいます（図3）。

また、この本は非常に不思議な本で、労働経済学者が書いているにもかかわらず、企業や労働市場の問題がほんの数行で飛ばされていて、本の大部分が、もっぱら中学校のイベントやジョブスポットによる意識変化の「成功例」（つまり教育効果の賞賛）に占められています。

そしてこれまた不思議なことに、著者本人が「第三者が人の意識や意欲を変えようというのは、多くの場合、傲慢《ごうまん》以外のなにものでもない。本人にすらわからない奥底の意識や意欲について、他人が決めつける権利は、どこにもない」と指摘しているのですが、その言葉は、

図3　新聞報道でよく用いられるグラフの曲解

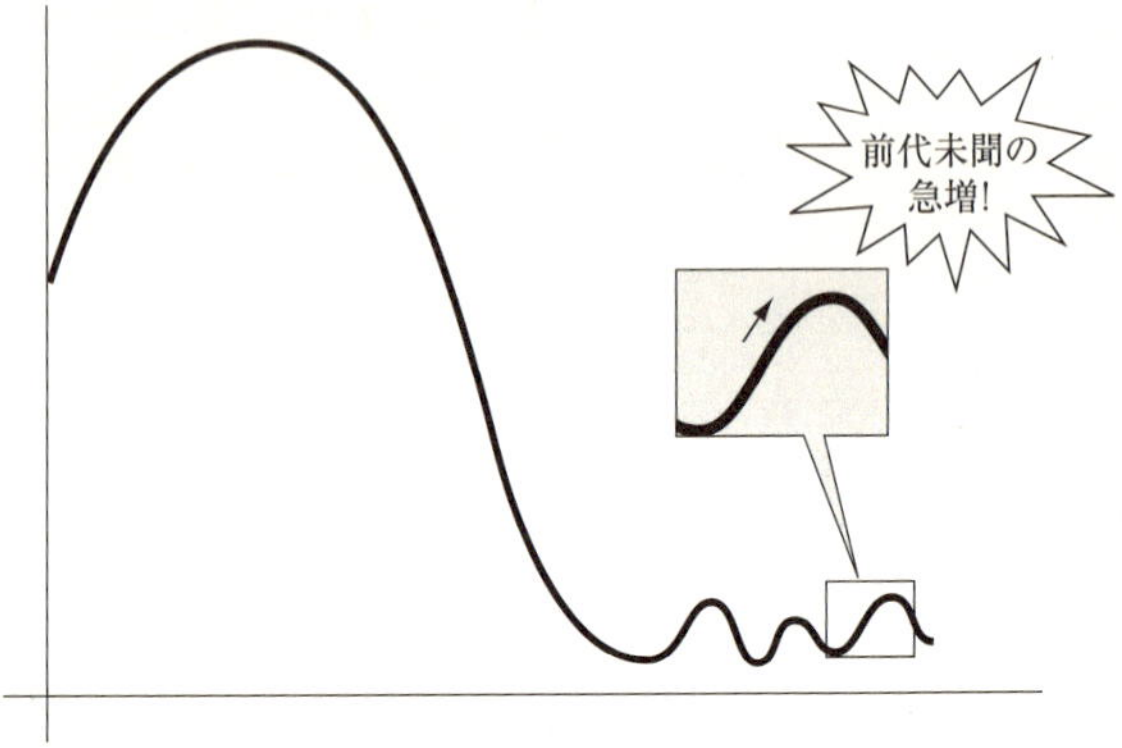

同書で賞賛されている中学校での（拒否権があるとは思えない）強制労働や、ジョブスポットでなされる態度や対人スキルの注入や、それによる人格変化の「成功例」にそのまま当てはまるのです。つまり言っていることの整合性をまったく考えずにまとめられているとしか思えません。

　現在書店に山積みにされているニート関連の書籍は、労働経済問題ではなく、もっぱら社会生活の態度や心がけを主題にしたものです。

　しかし振り返ってみれば、ニートがにわかに問題になる以前から、現在ならばニートと呼ばれるであろう人々が世に棲《す》んでいました。「金持ちの馬鹿息子」とか「道楽者の父さん」とか、いい年してぶらぶらしている「ろくでなし」は、悪口を言われながらも、世の風景にとけ込んでいました。それが文学の広いすそ野でもありました。一昔前の学問は金持ちの馬鹿息子が身代を食いつぶして行う道楽の一種という側面もありました。出家や隠《いん》遁《とん》へのあこがれもありました。宗教というサブカルチャーは、そういうあこがれと深く結びついていました。

考えてみれば仏陀もイエスもニートのガキたれではなかったかと思います。仏陀は労働を厭《いと》い乞食《こつじき》の生活を勧めていたし（スッタニパーター）、イエスにいたっては神殿で露天商に暴力をふるって屋台を破壊する「キレやすい」ニートではなかったか（ヨハネ2 13―16）。天皇も人々が（労働や学業による役立ちではなく）存在そのものを愛するという体裁で社会統合（あるいは危険な機能的等価物にあらかじめ出る幕を与えないようにする社会防衛）を企てる「よりしろ」としてのニート役ではなかったか。仏陀にせよイエスにせよ天皇にせよ、そして人間の尊厳にせよ、役に立つことによってのみ計られるものであればそれはもはや「かけがえのない」ものではありません。

昔ながらのニートはどんな時代にも必ず一定数います。こういう「役に立たない」、あるいは役に立つ立たないを超えた「脱―社会的」な人たちが一定数存在することは、社会がほどよく生きやすい仕方で寛容であることの指標となります。

名づけられることなく世に棲んでいたこういう人々が、ニートという名をつけられて問題化され、大衆の不安と憎悪のターゲットとなり、心と生活態度の網の目の細かい教育によってきれいに浄化されてしまったとしたら、それはひどく生きがたい社会でしょう。

私はニートそのものよりも、ニートが問題になる様から見えてくる、人々と社会の姿に興味があります。ニートに対する人々の反応が、われわれの情けない社会の姿を描き出すのです。

ニート騒ぎは、いつのまにか労働と教育を「人間の条件」とみなすような世論が拡大した可能性を示唆しています。そして油断していると、この条件を満たさない人たちが、いわば「プチ人間以下」と見なされて、個人の尊厳を奪われ、脱人間化されるところまで、日本社会が転がり落ちていく可能性があります。

また、いつの時代でも、産業構造の変化や雇用の悪化の時期には、ニートのレッテルに当てはまる人が増えるのは当然です。このようなタイプのニートの増加は、金融政策や労働経済政策の必要性を警告する数字であって、ことさらに心がけや生活習慣を教育する必要を示しているわけではないのです。経済変動によって不利な立場に立たされた人々に、ワークシェアリングなどの労働経済政策を処方するのではなく、さらに心がけや生活態度を変えろと迫るのは問題です。

われわれは長らく、正社員として人格を明け渡して「社畜」状態で安定するか、「フリーター」として貧困で不安定な生活をするかという二者択一を強いられてきました。しかし、ニート現象を心がけや生活態度の問題としてではなく、労働分配問題として捉え直せば、日本社会の働き方を根本から問い直すチャンスになるはずです。

経済、福祉、法の問題として取り組むべきことを教育や心の問題にすり替えて、幻想の解決を求める錯誤は、青少年の心や態度に焦点を当てて大衆に不安と憎悪を抱かせる青少年ネガティヴ・キャンペーンと、相互に支え合っています。

4　大衆の憎悪――「投影同一化」による教育強迫

大衆の憎悪とメディアの相互誘導

「青少年が凶悪化した」「子どもがおかしくなった」というマス・メディアの煽り方は、たしかにおかしくなっています。凶悪なのはどっちだ、と言いたくなるほどです。しかし、マス・メディアが無辜《むこ》の民を悪辣《あくらつ》な扇動で汚している、といった見方も一方的です。マス・メディアは愚民相手にウケを狙って商売をしなければ企業として成り立たないから、愚民が喜ぶことを発信しているだけさ、というのが経営陣のシニカルないいわけかもしれません。

マス・メディアの悪辣な扇動と、大衆の歪んだ憎悪と不安と被害感が相互に誘導しあうダイナミズムが問題です。このダイナミズムから生まれた世論を政治が利用します。

以下では、大衆が青少年を問題にしたがる心理 - 社会的なメカニズムをみていきましょう。すでに述べましたように、マス・メディアは青少年のネガティヴ・イメージを煽っていますが、逆にメディアの煽りは、大衆に好まれなければ商品として成立しません。ですから、大衆の中にある、独特の不安と憎悪が、メディアの販売戦略の条件となります。この条件のもとにあって、メディアが大衆の不安と憎悪をさらに誘導することが可能になります。

そして、この繰り返しによって、大衆の「不全感」が若者に「投影」され、その結果、若者が「凶悪な怪物」や「わけのわからない宇宙人」として受け止められるという国民的な習慣が定着するのです。

同じ事件でも、青少年が引き起こした場合には、鮮烈に不安と憎悪を引き起こしますが、他の世代が起こした場合には、注意の対象にならないこともあります。

たとえば、二〇〇五年三月七日に、『朝日新聞』と『読売新聞』で、バイクがうるさいと五三歳が一八歳の首を切る事件がベタ記事で報道されました。しかしよく考えますと、これが仮に、「尺八がうるさいと一八歳が五三歳の首を切る事件」であったとすれば、「キレる若者」として大々的に報道されたはずです。

私のゼミの當流谷圭氏（明治大学文学部心理社会学科三回生）は新聞に次のような一文を寄せています。

ここ数年、若者が殺傷事件を起こすと、テレビなどでは連日その事件について放送する。そして加害者の犯罪動機が単純かつ幼稚で、普通の感覚では理解できないような場合、そのタイトルのキーワードが「危険な若者」といったものになるのをよく目にする。

先ごろ、東京都調布市で五十三歳の男性が「バイクの音がうるさい」という理由で十八歳の少年の首を切った事件が起こった。また北海道でも、八十歳の夫が妻を「食事のおかずの事で口論になり殺した」という事件があった。

だが翌日のニュースでは、それぞれの事件はあまり大きく取り上げられなかった。もし、二つの事件が若者によって引き起こされたものだったら、恐らくまた「キレる若者」のような言葉が使われていただろう。

なぜ、若者の犯罪は大々的に報道するのに、ご年配の方が起こした犯罪は声高に報道されないのだろうか。「キレる中年」や「危険な老人」といったような見出しが出てもいいではないか。

若者か、ご年配の方、犯罪を起こした者によって、明らかに報道の扱い方が違うような気がする。「何歳の人が、人を殺した」かが問題なのではなく、「人が人を殺した」ということが問題なのであり、それが本質なのではないか。

一部の若者の犯罪だけをセンセーショナルに報道していくことで、同じ若者というだけで社会的に危険な存在として見られることもある。大多数が普通の若者なのだ、ということを分かってもらいたい。(『秋田魁新報』二〇〇五年四月五日付夕刊)

「投影」と「投影同一化」

さて、自分の中にあるおぞましく不気味なものを相手に「投影」して、相手を「真っ黒」であるかのように感じることは、いつの時代のどの社会でも起こっていることで、珍しいことでも何でもありません。

おそらく、人類は農耕牧畜を始めたあたりから、自分の生活圏をあるコスモロジーで覆って、そこで覆えないものは「外部」と設定して、カオスとして排除してきました。排除すると同時に、それ自体にいつも不安を感じてもいたのです。この、何かを汚《けが》らわしいものとして共同体の外に出す、という作業は、スケープゴートに似ていないこともありません。そしてこれは「投影」という現象で説明されます。

かつて第一次世界大戦に敗北し、払いきれない賠償金で破綻したドイツ大衆は、自分たちの耐え難い部分をユダヤ人に投影したと言われています。そして彼らが選んだナチス政権は、ユダヤ人を社会から排除し、絶滅収容所で物体として「処分」しました。

こういう性質《たち》の悪い憎悪に満ちた民衆という点で、青少年ネガティヴ・キャンペーンに沸き立つ日本社会はかつてのドイツに似てきたと言えるかもしれません。しかし、決定的にちがっている点に着目する必要があります。それは投影と投影同一化のちがいです。あるいはユダヤ人を殺す＝自他切断タイプの投影と、青少年を教育する＝内側から執拗にいじくりまわす投影同一化のちがいです。

自己の汚穢《おわい》を他者に投影し、それを負わされた他者の存在を絶して浄化するという排除の作業は、ある程度の「自他の分化」を前提とした、比較的一方的な投影です。いったん他者の身において滅ぼされた汚穢は、不気味なものとなって返ってくることはありません。ですからナチスは、平気でユダヤ人の皮や毛髪から「工業製品」を作ることができましたし、作った製品を安心して使うこともできました。

しかし投影には別のタイプもあります。かつてのユダヤ人憎悪にみられるのは、投影の一方向性が優位なタイプです。それに対して現在日本の大衆が青少年に対して起こしているのは、投影と同一化が未分化な「原始的」な投影、すなわち「投影同一化」です（図4）。

これは、精神分析学でメラニー・クラインという人の流れをくむアイデアの、もっとも重要なところでもあります。

投影同一化においては、自己の分裂した一部が、対象（他者）に投影され、自己の一部でありながらそのまま投影先（うつわ）のなかで生きられます。そしてこの投影された自己の一部が自分に都合のよい仕方で生きられるように、投影先（うつわ）としての他者を実際に操作し、その後にそのうつわのなかで都合よく加工された自己が再同一化されます。

これは内的なイメージ体験であると同時に、実際の他者操作でもある心理－社会的なメカニズムです。つまり投影同一化をされる側は、する側の自己の一部によってとり憑《つ》かれ、支配され、同一視されることになります。メラニー・クラインは次のように言っています。

図4　投影と投影同一化

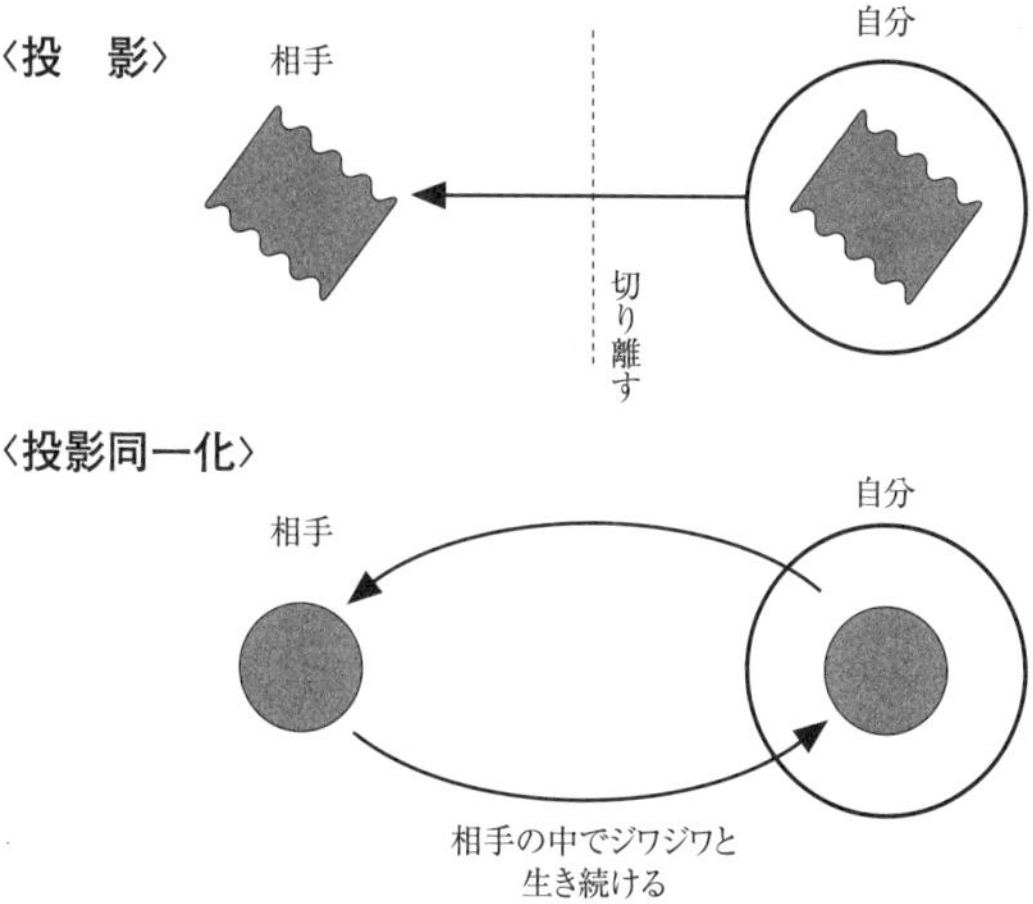

「他の人々を支配しようという欲求は、自己の部分を支配しようとするゆがんだ欲動として、ある程度説明できるだろう。他の人びとのなかにこれらの部分が過剰に投影されると、投影された部分はその人びとを支配することによってのみ支配されうる」（『メラニー・クライン著作集4　妄想的・分裂的世界』誠信書房、一七頁）。

　つまり、自分の中の不気味なものなどを相手に投影しながら、投影した自分の中のものを、相手の中でいつまでもジワジワと生き続けさせ、絶えず操作し続けるのが投影同一化です。投影同一化が活発化している関係には、特有の他者操作的なコミュニケーション様式、および独特の不安、憎悪、強迫性、被害感がみられます。投影同一化について興味を持たれた方は、拙著『いじめの社会理論』の第2章と第5章をご参照ください。

年配者たちは、わけのわからない不安や不気味な感覚を青少年に投影します。しかも投影しながら自と他が分離されず、思いどおりになるはずの（自分がそのなかで生きられる容器＝container としての）他者が思いどおりにならないことに自己の内側からいいようのない不気味さを感じ、これが青少年に対する執拗な被害感と憎悪になります。

教育という執拗な儀式で不気味なものを鎮め続ける

こういった「外であると同時に内でもあり続ける」不気味な対象は、ナチスにおけるユダヤ人のように「排除」することで単純に終わらせることができません。投影同一化の場合には、社会からの排除ではなく、不気味になってしまった他者に内側からとり憑いて変化させる教育に、べたべたべたべたと強迫的にこだわるのです。大衆は青少年に不気味なものの「しるし」を発見するたびに、他者の内側に入り込んでいじくりまわす教育網で社会を隙間なく埋め尽くさなければ安心できません。

（筆者注：私が「教育」と言うとき、現に人々がリアルに体験し「そういうものだ」と実感している「教育」を指しています。それに対して共著者の本田由紀氏〈第１部担当〉は本来そうあるべきと考えられる「教育」という意味で、「教育」という言葉を用いていると思われます。本書では「教育」に関して、私と本田氏とのあいだであえて語の統一をしませんでした。）

この場合、青少年を社会から排除しようとするタイプの憎悪ではなく、社会を網の目の細かい教育で埋め尽くし、逃げ場のない「学校」に作り替えようとする強迫的な憎悪が蔓延します。

もう一度言いますと、「投影同一化」の場合は、自分の中の、不気味で不安で耐え難い、自己の崩壊感覚、不全感のようなものを、相手に投影して、相手の中で生きます。こういう感情のもとに施される教育というのは、非常に執拗で、どんなときにも完成せず、永久革命のような感じで、いつもいつも教育することを求めます。相手の中にある自分の不気味なものを、いつも教育という儀式でもって鎮め続ける必要があるのです。教育をし続けていないと心が安まらないのです。

自分の中の憎しみに満ちた不気味なものを相手に投影した場合、相手が自分を憎んでいるように感じられます。すると、その憎んでいると思う相手をさらに憎む、という自と他の反転のようなこともよく起こります。うまくいかない親子でよくあるようなパターンです。

多くの場合、相手を教育するというのは攻撃でもあるのです。過剰な教育の意欲には、ふたつの意味が入り込んでいます。教育と称して、強迫的なコスモロジー修復儀式にふけると同時に、気にくわない相手を痛めつけるわけです。復讐としての教育です。しつけというときには、だいたい攻撃の意味が入ってきます。青少年への攻撃は、いじめや虐待もそうですが、だいたいがしつけと称して為されることが多いのです。憎しみをストレートに表現するのではなく、育てあげる、自立させる、しつける、という仕方で攻撃するのです。

年長者の不全感が若者に取り憑く

さて、相手の中に感じた不気味なものは、社会の崩壊として感じられます。

「俺の世界を壊してくれたな、どうしてくれるんだ、俺の世界が不気味なものになってしまったではないか」といったような、被害感にいろどられた不全感に襲われるのです。そうすると、そのような不気味さをもたらした青少年への攻撃（復讐）であると同時に、社会を崩壊させるような不気味なものを不気味でないようにしようという、そういう儀式（教育）が必要になります。

たとえば、さんざん説教したあげく茶髪《チャパツ》の子の髪の毛を黒く染めなおす、というようなことです。それは、かたちを整えることによる心の浄化の儀式であると同時に、相手に屈辱を与えて苦しめる復讐でもあります。絶えず、そういうことを見つけ出しては延々と続けるのです。

そして、繰り返しになりますが、投影同一化と投影の違いというのは、縁が切れない、ということです。投影は、投影した後で縁を切って、すっきりしておしまい、という形で終わるのですが、投影同一化は縁が切れないどころか、ねばねばと心や態度に因縁をつけながら相手の中に侵入して、いつまでもかきまわし続けます。

どうも今の日本社会には、若者に対するこの種のタイプの憎しみがマス・メディアを通じて蔓延しているようです。同じ憎しみでも、刑務所に入れてしまえ、というものより、ひたすら教育をしていこう、というほうが優勢です。

こういった教育へのこだわりの根のところには、ヒポコンデリー(心気症)に近いものがあります。

ヒポコンデリーの人は、日常的に自分の中のわけのわからない不全感にさいなまれていると言われています。その不全感が耐え難い程度にまで蓄積してくると、自分は死ぬのではないだろうかとか、致命的な病気があるのではないかといった不気味な気分に転化し、最終的には「これはガンではないか」といった具体的なかたちに具現されて、実際に医者に行ってひたすら検査するわけです。そしてガンではない、とわかるとほっとします。これは医者にとってはとても迷惑な儀式です。

別にヒポコンデリーの人にかぎらず、誰でも多かれ少なかれ不全感を抱えて生きています。この不全感は独特の被害感をもたらします。たとえば世の中には、茶髪にしている若者を目にするだけで被害感でいっぱいになる、年配者がたくさんいます。不全感の盛り上がりが大きくなっていって、ある程度のところに達すると、それは、社会秩序《コスモロジー》を壊されたかのような被害感をともなった、強迫的な儀式の要求になって噴出します。それはガンの恐怖の場合もそうなのですが、「青少年がおかしくなったから教育しなければ」などという場合も同じです。

投影同一化は、不全感を根本的に解決する行為にはなっていません。ですから、問題の原因がなくならないので、いつまでも同じことを繰り返します。そのたまらない不全感に対処する儀式として、他人に対する教育が続けられるのです。

相手が茶髪にしていたり、わけのわからないスタイルで生きていたりすると、不全感がわーっと盛り上がりますから、相手を教育して相手を変えることで、不全感に対処している気になりたいのです。しかし、それをしても不全感自体の存在は別に変わらないので、また別のネタをいつまでも探してきます。不全感がある限りは、「あなたが鼻水をこのティッシュで拭かないからお仕置き」とか、「あなたは挨拶をするときに、おはようといわずに、おーはーよーおーと言ったからお仕置き」とかいうことが繰り返されます。

そのような仕方で「教育」をするのですが、これは同時に、多くの青少年にとって非常に不快な行為でもあるわけです。（それにもかかわらずではなく、）だからこそ、教育する側は、「おまえにとっては不快だろうけど、必要だからしつけなければいけないんだ、おまえのためだから」といって教育的な攻撃をしかけ続けます。憎々しげに教育をしかける者たちの多くは、本当は相手のためなどではなく、他人を痰壺《たんつぼ》にあつらえて憎しみを排泄しているということを、（その時その時、自分と他人をだましながら）心の奥底では知っていてやっています。本当に相手のためにやっているときは、叱り方がまた別のトーンになるものです。

自分の消えない不全感を投影しているわけですから、ネタはいくらでも見つかります。テレビや新聞雑誌はそういうネタを提供し続けます。

年配者の青少年に対する不気味な投影同一化ぶりを観察すると、未熟なのは若者ではなく年配者の方であることがわかります。他者は自己の鏡像でも延長でもありません。思いどおりにならないから他者なのです。実害に対しては毅然と対処しつつ、それ以外の「不気味さ」を放っておける大人の成熟が、これからの年配者には必要です。

教育という危険な欲望

同じ不全感を元にしていても、どういう筋書きが煽られるかによって、生きられる憎悪のスタイルが違ってきます。悪いやつをやっつけろという筋書きだとただの投影になりやすいのですが、教育という筋書きになると投影同一化的になりやすいのです（前出の図4）。

教育というのは、「私とあなたが、何かこう、ぴたっとくっついて、相手の内部に入り込みながら共生して痛めつける」というイメージがあります。悪いやつをやっつけるというのは、「私とあなたはまったく別のもので、あなたを排除します」という形ですが、それが教育となると、「あなたの中に私を見いだしながら、あなたの中に見いだした私を私がいじくる」というような痛めつけの形がしばしばとられます。これは、「私の中の憎いものに対して、私があなたの中にそれを見いだして、あなたをいじめる」ということになります。おぞましいことです。

青少年ネガティヴ・キャンペーンに呼応して世に蔓延した、いい年をした（二〇代、三〇代の）赤の他人を「育て上げよう」とか「自立させよう」とか叫ぶ教育への情熱は、そういったおぞましい振る舞いのモードなのです。世を挙げて「教育、教育」ということになると、日本中で集団的な憎悪の投影同一化モードが活発化するのではないかと思います。一億が火の玉になって突き進む、日本社会の総教育化が起こりかねません。

教育というのは、相手を懐に包み込んで、なかなか切り離せません。「子宮」的なのです。いつまでも自分の子宮の中でいじくりまわし続ける。そしてそういうことが憎しみの中で起こっています。

保守派の人々が、「あいつら死刑にしろ」とか、「けしからん、市中引き回しのうえ磔獄門《はりつけごくもん》だ」と言うだけでしたら、世論としては受け入れられないでしょう。しかし、教育という仕方で主張されると、おそろしい青少年条例とか、戒厳令のような夜間外出禁止令とか、市民社会の基本的な権利をぶちこわすような強制労働とか、そういったものが政策や法律として通ってしまいかねない勢いですし、世論もそれを後押ししてしまいます。教育といわれれば、なんでもOKになってしまうのです。

そしてニートというネタは、今までの保守派のおじさんのネタとしてだけではなく、（特殊日本的な）「人権派」（私は彼らを人権派とは認めない）が、情熱的に「教育教育」と言うためのネタとしても扱われ始めています。教育でもって立ち直らせるんだ、と。そういった人たちの情熱でもって、ニートのようなかなりの人口を占める人たちが、一億総教育社会のしつけの対象になってしまうという状況に向かっています。

教育は阿片である

マルクスはかつて、「本来ならば経済や政治で対処すべき問題が、宗教の問題として幻想的に対処されてしまうおかげで、ありとあらゆるきちんとした社会政策ができなくなっている」ということを述べていました。その意味で、マルクスの時代には「宗教は阿片《アヘン》」でした。今の日本では、教育がマルクスの言う宗教になっています。あるいは、「育て上げネット」だの「若者自立塾」だのといった教育が、若年層労働問題に対する主要な政策のように信じられてしまう今の嘆かわしい現状では、次のように言うことができます。

教育は阿片である。

貧乏な時代、例えば一九五〇年代には、教育というテーマは、人々を動かす錦《にしき》の御旗《みはた》、あるいは「神聖にして侵すべからず」ものにはなっていませんでした。それが高度経済成長で豊かになるにつれて、教育とか子どもとか学校といったものが、神聖なるものに変わっていきました。そして、こうした神聖なる大義名分が後押ししているとなると、①労働経済政策や福祉政策でやるべき問題が教育の問題にすり替えられて視野から外され、さらに、②通常なら許されない蛮行が教育の名のもとに許されるようになります。

経済や公正な分配の問題を、幻想的な教育の問題にすり替えられてはたまりません。第1部で本田由紀氏が論じているように、問題は、若年層の構造的な失業や雇用の問題であり、正社員以外の労働者が健康保険などのきちんとした社会的処遇を受けられない問題です。また、職場での人間の尊厳や人権の問題でもあります。それらが教育の問題にすり替えられることによって、あたかも問題が「ないかのように」扱われてしまいます。

いい年をした三十何歳までの人間をニートとして括って、きちんとこの人たちをしつけて自立させなければ、とか、育てあげ団体で育ててあげなければ、ということが国をあげてなされていることは、大変に気持ちの悪いことではないでしょうか。ほとんど幼児プレイとしか言えないような状況です。

職場のひどい待遇で痛めつけられて働けなくなった人が、「若者自立塾」でさらに集団規律訓練に付されるといったことは、実際に生じています。それで、きちんと働けるようになりました、めでたしめでたしというような、教育の問題にされてしまってよいのでしょうか。教育の問題にすり替えられてしまえば、パワハラや企業内いじめや、不当な残業、そういったものがすべて免罪されてしまいます。子どもの世界でも、学校のいじめの例などをみると、いじめ被害者がカウンセリングの対象になっていて、いじめ自体はまったく処罰されない、というような状況がおきていますが、それと同じことです。

次に、青少年ネガティヴ・キャンペーンに支えられ、教育の名のもとに正当化される野蛮な教育=統治が、自由な市民の社会を破壊する事態について述べます。

5　政治的利用の恐怖——市民社会に空いた穴

青少年ネガティヴ・キャンペーンを政治が利用する

さて、ここまで論じてきたような、マス・メディアと大衆のカップリングに、政治が加わったとき、どのようなことが起こるか考えてみましょう。

政治は、青少年問題を最大限利用して、今までなら通らなかった政策や法案（あるいは条例）を通すなどして、望みの社会状態を現出させるチャンスを狙っています。

『読売新聞』によれば、政府与党協議会は、戦後の個の尊厳という価値を弱め、国家が「共同体」や「日本文化」にふさわしいと見なす、生活態度やこころを強制しうる教育基本法改正案をうちだそうとしました。そのための理由づけとして彼らは、公共心の希薄化、少年犯罪の凶悪化、学力低下というこれまでの危機煽動三点セットに加えて、ニートも利用しました（『読売新聞』二〇〇五年一月一三日付）。

こういった状況が進展すると、普段はしてはならないとされる戒厳令的・反市民的、強制労働的な条例や政策が教育＝統治として打ち出されたり、以前からあった憲法違反の（弱みのために適用がむずかしかった）条例が厳格に適用されるようになります。

青少年がおかしくなったという盛り上がりを利用して、これまでなら（戦争に負けたことで幸運にも手に入れた）先進国型の憲法システムのなかで実行しづらかったことを、どんどん実行しやすくしてしまうような流れが生じてきます。

ここではすでに危険な段階に至っている三つの政治的な流れについて、とりあげてみます。

①戒厳令的な夜間外出禁止令

青少年の夜間外出禁止令が敷かれ、警察による若者狩りがなされます。これはほとんど戒厳令時のやりかたで、内乱でも起きない限りやってはならないことです。たとえば、夜遅く歩いていると補導されるということ（もちろん憲法違反）は以前からありましたが、どの程度のことで補導するかという線引きが、どんどん厳しくなっていって、場合によっては親に罰金を科そうとか、若者狩りと言われるようなことが進行するおそれがあります。

そもそも夜間外出禁止などということを一七歳などの年齢の人に強制するというのは、非常におかしなことです。

ちなみに、成人年齢が二〇歳という線引きも、第二次性徴が二年ぐらい早まっているなかで現実にそぐわないことです。第二次性徴以降、二〇歳になるまで、自分に権利がない、個の尊厳が認められない、市民的な自由が認められない——そういうある種の奴隷的な状況に「教育」と称して置かれるような、そういう育ち方を日本人の大部分がするということは、自由と民主主義を標榜した社会の成員としては非常に危険なことです。

国家や地方自治体が教育とかしつけと称して、ほとんど大人に近いような人に対して夜間外出を禁止し、すべての日本人が戒厳令的な状態で思春期および青年期を過ごすこと、そしてそれがあたりまえの感覚になってしまうということは、恐ろしいことです

②道徳警察による交際の処罰

道徳と法が分かれない社会状態が出現し、「道徳警察」が市民の交際に暴力で入り込むようになります。現に、世界的には一七歳ぐらいが平均的初交年齢であり、日本の法でも女性は一六歳以上であれば結婚できるにもかかわらず、一七歳女性と通常の交際をしていた二〇代男性が逮捕されることがたびたび起きています。

警察は、男性側に結婚の意思があるかどうかを内偵し、結婚を考えていないと判断すれば、逮捕する方針を強めます。例えば、二〇〇五年一月二五日付『朝日新聞』によれば、一七歳女と性交渉をもった二四歳男が、また、二〇〇五年五月二四日付の『静岡新聞』によれば、同じく一七歳女と性交渉をもった二四歳男が、警察に逮捕されました。

初潮から四〜六年を経た「子ども」とは言いがたい市民との性交渉を禁じる——これはとんでもない憲法違反の条例ですが、日本ではほとんどの都道府県で定められています。東京都でも青少年ネガティヴ・キャンペーンの尻馬に乗った石原政権によって押し切られてしまいました。おそらく、現実には我々の身の回りにも逮捕されてもおかしくない人がたくさんいるのではないかと思います。

我々はお茶の間で、北朝鮮や「イスラム原理主義」の国々をあざ笑っていますが、そういう自分たちにしても、それと変わらないくらい道徳と法が分離されない野蛮な社会に生きているのだということを厳しく自覚すべきです。

③労働や奉仕活動の強制——プチ徴兵制

すでにあちこちでその萌芽がみられますが、義務教育のカリキュラムによる奉仕活動や労働体験の強制が通れば、若者は社会への最低限のパスポートを手にするために、強制労働に服さなければならなくなります。もちろん強制労働＝奴隷の禁止は人間の尊厳を守るための基本です。

かつて教育改革国民会議の右派が、すべての若者を奉仕活動という名の強制労働に服させるプランをたてました。強制労働キャンプへ長期収容して共同生活をさせる案さえありました。この長年の夢を実現するために、ニート対策のための労働体験は、その絶好の口実になりかねません。

つまり、右派の人たちが連綿と望んできている、「戦争に負ける前の、粘菌《ねんきん》の集合体のような日本人」（もちろんこれは幻想）を育てたい、という欲望に利用されてしまうのです。

彼らには、戦後の日本国憲法で方向づけられたような、個の尊厳とか個人主義とか、ひとりひとりの幸福追求といったものを基盤にする社会を潰《つぶ》したいという情熱が強くあります。本当の悲願は徴兵制だと思うのですが、その実現は難しいので、「プチ徴兵制」の気分で、若者を一定期間労働体験と称して強制労働させる、というプランを立てたがります。できれば、数カ月とか半年といった期間、集団生活をさせて、そこで強制労働をさせたい、というわけです。

教育改革国民会議の議事録を読むと、強制労働キャンプ、収容所のようなものをつくって、そこに若者たちをぶちこみたいという情熱がありありと感じられます。もちろんこれまでは、そういうことは「危ない」ということで何とか阻止されてきたわけです。

今まではこの危険な夢が叶えられることはなかったのですが、「近頃の若者は社会性がなくなって、ニートが増えて困る、そういう人たちをきちんと育ててあげてやらなければいけない、しつけをしなければいけない」という世論につけこむことで、彼らがその悲願を達成してしまう可能性は充分ある、と私はみています。

これをゆるしてしまうと、すべての青少年が戦中の集団疎開生活のような、あるいはポルポトの強制農民化や文化大革命の下放・労働改造のような惨劇にみまわれかねません。

とくに今は、自民党が圧勝してしまうようなご時世ですし、民主党もタカ派が強い。現在は、右でも左でもないリベラリストの政治勢力が実質的に存在しない、危険な空白の状態です。やられっぱなしになる危機感を持つ必要があります（右でも左でもないリベラリストの政治勢力を、急遽《きゅうきょ》つくりあげる必要があります）。

さて、これまであげたような条例や政策はあきらかに憲法違反であり、憲法秩序の破壊行為ですが、青少年問題に対処するための教育と位置づけられればやすやすと通ってしまいます。人権や憲法秩序の問題は、教育の問題にすりかえられると、いつのまにか公論のスポットライトから外されてしまうのです。

社会問題にすべきは若者ではなく、若者を問題化する社会的勢力とその悪影響です。マス・メディアが危機と不安を煽り、大衆の不安と憎悪が膨れ上がり、教育の価値が他の諸価値を圧倒し、それを政治が利用することによって、反市民的、戒厳令的、強制労働的な条例や政策や法改正がエスカレートしていきます。

そして市民社会の原理がメルトダウンしていくのです。

市民社会に空いた穴

我々の社会がそういう恐ろしいことを実行してしまうときのきっかけとしては、ひと昔前ですと、天皇をめぐる問題がありました。これは今でも天皇陛下が崩御したときなどには見られることです。昭和天皇が崩御したときにも、通常の憲法秩序が壊れて、天皇制反対を主張しただけの人が警察官に暴力をふるわれる、などという非常に恥ずかしいことが起こりました。

東京大学の森政稔《もりまさとし》氏（思想史）は、一見平穏に見える市民社会には、このような、「穴」が空いていると表現します（『東京大学新聞』一九九六年七月一六日号）。我々は先進国の市民社会を生きていると思っていて、市民的な自由や権利をきちんと享受して生きていると信じているのですが、そこにいくつか穴がぽこぽこぽこ、と空いています（図5）。そしてこの「穴」に落ちると、なにかとんでもないことが起こります。

例えば、ひと昔前までに空いていた「穴」を見てみると、DVの「穴」、というものがあります。一〇年ぐらい前までは、夫が妻を殴っても、警察はまったく相手にしませんでした。夫は妻に、殺人にならない限り実質的に何をやってもよかったですし、夫婦関係ですと強姦などというのも成立しませんでした。その「穴」に落ちてもだれも助けてくれなかったのです。

また、一九八〇年代半ばぐらいまでは、小学校や中学校や高校では、教員は生徒を殺さない限りはなにをやってもいいような状態が各地で見られていました。ぼこぼこに殴ったり、気にくわなければとことん嫌がらせしたり、ということが、教育の名のもとに行われていても、問題にならないことが多かったのです。

また会社などの組織でも、宮本政於《みやもとまさお》の『お役所の掟』(講談社)にあるように、すさまじい人格権の剥奪《はくだつ》が行われたり、「社畜」として扱われたりしても、誰も助けてくれない、ということがありました。

そのような「穴」が埋められたり、新たにできたりしているのが、今の市民社会です。

さきほど挙げた、ドメスティック・バイオレンスや、「体罰」と誤称されている教員による暴力などの「穴」は、時を経て埋まってきたのですが、「近頃の若いやつは」という不安と憎悪によって、教育の「穴」はどんどん広がっています。

本来ならば経済の問題や公正な分配の問題であったり、人格権の問題であることが、教育の問題に置き換えられ、「人間はこのような存在であるべきで、社会はこのような存在の集まりからなる、透明な社会でなければならない」という煽動によって、普段ならやってはならないとされることがやすやすと支持を得てしまいます。こうして、教育という名のもと、

図5　市民社会に空いた穴

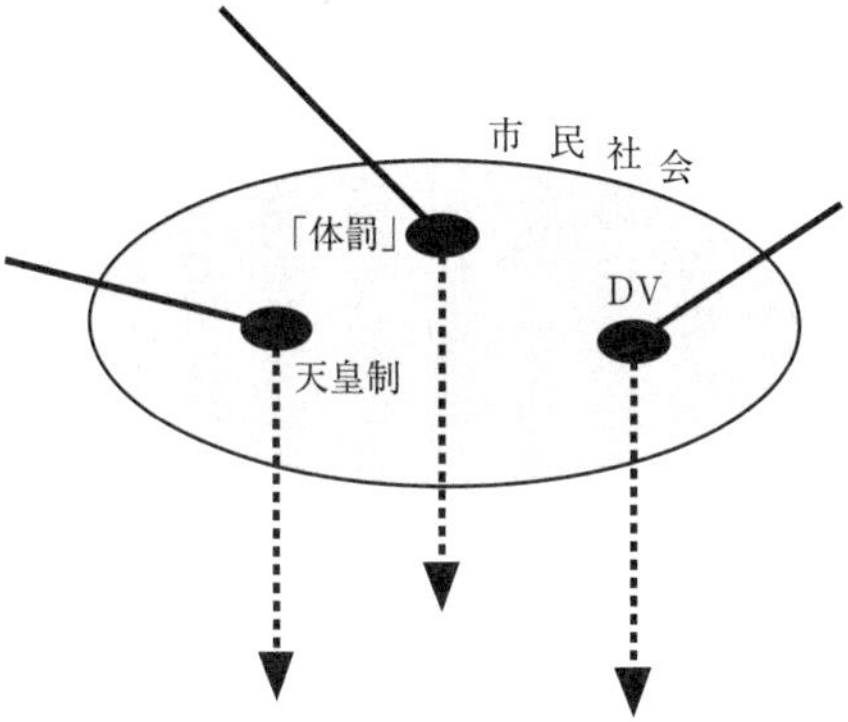

また「育てる」とか「心の問題」などと称することで、市民社会でやってはならないはずのことをやってしまっていいんだ、という風潮が起きます。それが市民社会に空いた「穴」です。

農本主義とプチ兵営生活

ニートに関する「教育」的指導の問題で言えば、「育てあげネット」「若者自立塾」などが最近支持を得て、各地に作られています。

今までせっかく、企業の中の人権侵害や職場のいじめや、社畜的な生き方といったものは「もうやめようや」という流れになってきたのに、それが逆転してきました。

若者がなんだか情けなくなって、働けなくなっている、といったような世論のなかで、今になって再び、そうした企業社会に耐えられないと言っている弱っちょろいふにゃふにゃした若者を、きちんと会社で働けるようにしてやらなければいけない、という風潮に逆戻りしています。つまり、会社の厳しい環境に耐えられるようにしつけをしよう、叩き直してやろうという形で、教育が施されるのです。

本来、労働条件が非常に悪いとか、職場組織のなかで人格権が認められない、というのであれば、企業の方が社会的な責任を負うべきです。過度の残業を強要する会社や、嫌がらせが横行している会社、人間に優しくない企業の側が社会的な責任を負って、改善を図るべきです。そのために、法と政策が必要になります。

しかし、職場のひどい待遇で痛めつけられて働けなくなった人が、若者自立塾のようなところで、農本主義的な、文化大革命の下放・労働改造のような生活をさせられて、「なんだか心が良くなりました」と言わされるような状況が現に起きています。地域のゴミ拾いや、雪かきをさせる（『MSN毎日インタラクティブ』二〇〇五年一〇月一三日「こころの世紀」）、とか、そういう風に問題をもっていかれてしまうのは、はなはだ疑問です。

ちなみに『朝日新聞』（二〇〇四年七月一〇日付朝刊）の報道によれば、若者自立塾がモデルとした沖縄産業開発青年協会（青年隊）の内実は、次のようなものです。朝六時に起床し、二キロのジョギングと腕立て伏せ……肉体労働といった日常で、二段ベッドが置かれたクーラーのない四人部屋で一〇時消灯。携帯電話は禁止されており、決められた時間に公衆電話を使うことしかできない。二週間に一度の外出許可もなかなか下りない——。若者自立塾は、こんな軍隊の兵営のような集団生活をさせる団体をモデルにして発足しているのです（先に述べた、ニート対策を利用した「プチ徴兵制」の疑惑はますます深まります）。

このような団体をモデルにして、大部分は景気の変動と産業構造の変化で割を食っただけの人たち（本書第1部、本田由紀氏の担当箇所参照）に、兵営のような集団生活をさせることは、政府の公共政策として許されるものではありません。兵営モデルでやりたいなら、税金を使わず、三島由紀夫の「楯の会」のような私設の会の形式でやるべきです。このような「プチ兵営生活」に税金を投入してはいけません。

6　自由な社会とはいかなるものか

これまでの論述をふり返って

ニートは、青少年ネガティィヴ・キャンペーンの連鎖のなかで売りに出されては、次々と移り変わる軽佻《けいちょう》浮薄《ふはく》なイメージ商品のうちのひとつに過ぎません。ニートの流行は、それで名を売ったデマゴーグたちも含めて、くだらないあぶくのような存在です。しばらくすると消えて、また別のイメージ商品に変わっていくでしょう。と同時に、デマゴーグたちも話題を変えていくでしょう。

実をいうと、ニートごときくだらない流行イメージ商品（そしてニートで有名になったくだらないデマゴーグたち）を話題にすること自体くだらない、という思いもあります。しばらくすると、まちがいなくニートという言葉は消えていきます。

ただ、ニートも含めて、連綿と続く青少年ネガティィヴ・キャンペーンが社会に及ぼす悪影響については、問題提起する必要があります。青少年ネガティィヴ・キャンペーンの連鎖のからくりを暴露して、この有害な連鎖を終わりにする。このことには意義があります。

大切なことは、ニートの流行だけでなく、青少年ネガティヴ・キャンペーンのヒット商品の連鎖を、これ以上続けさせないことです。ニートの次にトーニが来ても、ロメオが来ても、ローズが来ても、そういうくだらないご託をならべる識者たちには退場していただきましょう。テレビや新聞・雑誌にも、青少年ネガティヴ・キャンペーンをさせないように働きかけましょう。

それ以上に大きな意義があるのは、青少年ネガティヴ・キャンペーンに対する人々の反応をリトマス試験紙のように用いて、われわれの社会の情けない姿を知ることです。大衆のなかに憎悪が蔓延する仕方が、その社会の根本的なありかたとその欠陥を如実に映し出します。

次に、透明な社会と不透明な社会について述べた後、自由な社会とはいかなるものであるかを示します。これは青少年ネガティヴ・キャンペーンが映し出す社会の欠陥に対して、これからの日本社会がどのようであればよいのかを理念的に示します。

この理念を実現するための具体的な政策提言は、次の機会に行いたいと思います。

不透明さに耐えられない大人たち

青少年を問題視する流行の背後には、社会の不透明さに耐えられない、弱っちょろい年配者の姿が見えてきます。

透明な社会と不透明な社会という概念が、重要なポイントになります。さまざまなタイプの人間がさまざまな生き方をしていて、何がよい生き方であるかというのは決められない。ただし、さまざまな生き方をしている人間が、他者を侵害しないで、それぞれの生き方を追求できる社会であればよいではないか、というのが先進国型のリベラルな社会です。つまり、社会が不透明であることを肯定する社会です。

ところが、これまで述べてきたような仕方で青少年に憎悪を抱くタイプの大衆には、こういう不透明さがゆるせません。つまり、どんな人間がどんな風な生き方をするかはわからない、この日本という社会の人間像はどんなものかわからない、そもそも中学校の制服のような（日本指定の）「善い生き方」などは存在しない、というその不透明さに耐えることができないのです。ですから、たとえば茶髪でピアスをした高校生がいるとか、援助交際をする女子高生がいる、というだけで、一気に社会や人間の不透明さを感じて、その不透明さを「もたらした」者に対して憎悪と被害感をいだいてしまいます。

私は『学校が自由になる日』（雲母書房）という本の中にも書きましたが、たとえば援助交際をする人への憎しみのほうが、援助交際をする女子高生よりも危険だ、と思っています。

援助交際をする女子高生自体は、社会に被害を及ぼすわけでもなく、誰かに危害を加えるわけでもありません。女子高生を保護するべきかどうかという問題とは別に、ある種の危険な憎しみが社会に蔓延しているのを、援助交際に対する憎しみから観て取ることができます。

問題は青少年の側ではなく、「ちかごろの若いやつは」と言っている年配者の側にあります。つまり、さまざまな生き方が社会に不透明に存在することに耐えられない大人たちの未熟さのほうを、もういちど見つめ直して、問題にする必要があるのです。

汚らわしい存在に石をぶつける理由

青少年を憎む者たちが固執する「透明な社会」というのはどういうものでしょうか。たとえば、古代ユダヤ人の社会では、女性が夫以外の男性と関係を持つと、みんなで石をぶつけて殺します。聖書にはそのような場面が出てきます。それでは、石を投げている人というのはいったい、どういう憎しみや、どういう情熱でもって石を投げているのか、といいますと、別に、「俺の女房をとられたからこのやろう殺してやる」という怒りではありません。そういう意味ではなくて、「社会全体《コスモス》が汚される」と感じるのです。

社会全体《コスモス》は彼らにとって、ひとつの生命体であって、その生命体である社会が汚されて、不透明になっていくのは耐え難い。それで、「社会を汚したおまえを、石をぶつけて殺す」のです。そうして、「透明な社会」を守るためには、ある種、強迫神経症の人が手を洗いつづけるように、「汚らわしいやつ」の存在を、みつけては殺し、みつけては殺し、と続けて、掃除《クレンズ》する必要があるのです。

しかし、そのような不気味な存在、汚らわしい存在が世の中からいなくなれば、もう石をぶつけたりすることがなくなるか、というと、決してそのような状態は訪れません、絶えず新しい不気味さが現れるのです。つまり、それを感じる側が抱える不透明さに対する不安のほうに本源的な問題があるのです。このことは、投影同一化のところで説明した通りです。われわれが社会を「ひとつの透明なコスモス」として考える限りは、他者が他者であるかぎり存在する不気味なものから、コスモスを防衛し続けることが必要になります。

透明な社会は、他者が他者であることを尊重しない社会です。

自由な社会の構想

それに対して、他者が他者であることを尊重する自由な社会は、人間が不透明であることを前提とする不透明な社会です。

以下では、そういう自由な社会がいかなる社会であるかを論じます。すでに拙著『いじめの社会理論』に書いたことですが、重要な論点ですので繰り返します。

すべての人にとって望ましい一種類の生き方やきずなのありかたは存在しません。現実の人間の姿は、次のようなものです。

Aさんにとって、「このおかげで生まれてきてよかった」と思えるすばらしいものは、Bさんにとっては醜悪きわまりない。Bさんが命がけで守ろうとしている価値は、Cさんにとってはおぞましい野蛮人の習俗である。Cさんにとっての幸福は、Dさんにとっては退屈な牢獄以外の何ものでもない。Dさんが「生きている」と感じるきらめきの瞬間瞬間は、Bさんにとっては底冷えするようなウソの世界である（図6）。

現実に多様な人たちが多様な生き方をしているというのは、こういうことです。こういったAさん、Bさん、Cさん、Dさん、Eさん……が、たがいに理解したり共感したりできなくても、攻撃したり望ましい生き方を無理強いしたりすることなく、それぞれにとっての望ましい生のスタイルときずなを生きることができる社会が、自由な社会です。

共通の望ましい生き方（共通善）を無理強いされることなく、それぞれにとっての望ましい生のスタイルと望ましいきずなを生きることができる状態が、自由な社会状態です。

ところでこのような社会状態は、放っておけばおのずからできあがる、というものではありません。一人一人が自由に生き、さまざまな善い生のスタイルときずなを生きる者たちが、たがいに殲滅《せんめつ》し合うことなく発展を遂げるためには、しっかりした社会的インフラストラクチャーが必要です。このインフラの役割は、他のスタイルを生きる人に対する攻撃を禁止し、個人の選択と移動の自由を実質的に保障する、といったことです。

私が依《よ》って立つリベラリズムによる政策は、構造的な力関係によって人格的な隷属を引き起こしやすい社会領域（学校・会社・家族・地域社会・宗教団体・軍隊……）に対して、個の自由と尊厳を確保しやすくするための制度的な介入のしくみをはりめぐらせることを目指します。また、人々がさまざまなライフチャンスにアクセスする権利を保障しなければなりません。そのためには、中程度の規模の政府が必要になります。

もちろん、この自由のインフラは、好みのコスモロジーが人間界を覆い尽くしていて欲しいという欲望によって、他人を強制的にコントロールすることでアイデンティティを保っているような人にも強制します。他人の自由を侵害する自由をみとめず、それを徹底的に阻止するのです。

その意味で自由な社会は、次のようなタイプの人には都合が悪い社会です。たとえば、自

図6　自由な社会=それぞれの生のスタイルを追求

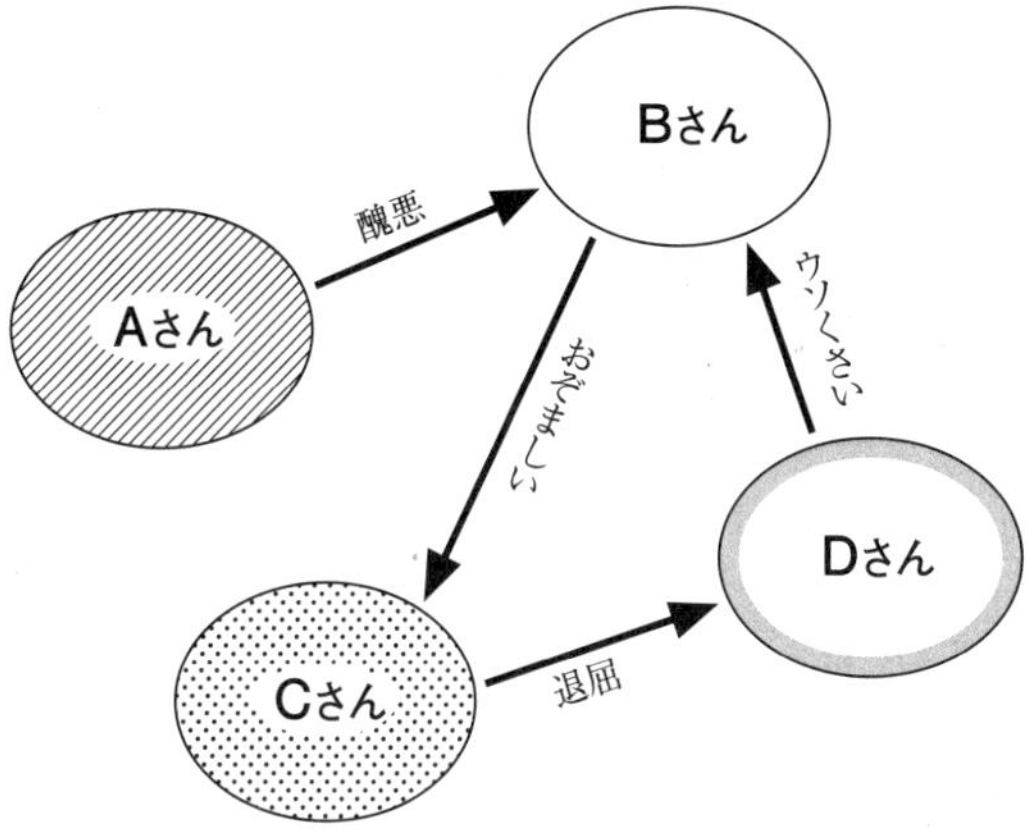

分を中心とした勢力の場に他人を巻き込んだりコントロールしたりして、強大なパワーを感じたい人がいるとします。こういう権勢欲の人たちは、自分が苦労して牛《ぎゅう》耳《じ》った集団のノリの中で浮き上がったまま堂々としている個人をみると攻撃せずにはいられません。

あるいは、人間はかくあるべきだという共通善に関する思いこみをもっていて、その信念に反する人々が存在するのを目にすること自体が耐え難いという人がいます。こういう人は、若い人が茶髪で学校や街を歩いていたり、電車の中でキスしていたり、働かずに好きなことをしていたりするのを見かけるだけで、被害感と憎悪でいっぱいになります。こういう人たちには不快な思いをしてもらうことになります。

自由な社会では、互いに相容れない多様な生のスタイルを生きる人たちが、平和に共存しなければなりません。他人への迫害は厳しく禁止されます。ですから街や職場や学校で、肯定的に受けとめることができない別のタイプの生を生きる人たちが存在しているのを、いつも目にして生きることになります。自由な社会では、このことだけは我慢しなければなりません。

それに対して、(企業であれ、学校であれ、地域コミュニティであれ、共同体であれ、国家であれ) 特定の透明な社会が強いられる場合には、特定の生のスタイルが共通善として強いられ、それ以外の多様な生のスタイルが絶滅させられがちです。そして個々人には次のようなきわめて耐え難い事態が降りかかってきます。

1 自分の好みの生のスタイルを共通善の玉座にすえるための陰惨な殲滅戦。
2 主流派になれなかった場合には、自分の目からは醜悪としか思えない共通善への屈従(へつらいの人生) を生きなければならない苦しみ。
3 「われわれの特定の善なる共同世界《コスモス》を共に生きる」ために、自分を嫌いになってまで、その共通善に「自発的」に服従している「かのように」おのれの人格を加工しなければならない（いわば魂の深いところからの精神的売春を強制される）屈辱と絶望。

こういった一つの透明な社会《コスモス》が強制される苦しみと比較して、自由な社会で強制されるのは、なじめない者の存在を許す我慢（寛容）だけです。「存在を許す」というのは、攻撃しないという意味であって、「なかよくする」のとは違います。むしろ「なかよく」しない権利が保障されるからこそ、「存在を許す」ことが可能になります。

自由な社会では、攻撃することは許されませんが、嫌悪を感じる者とのあいだに距離をとる権利（あるいは生々しいつきあいを拒絶する権利）が保障されます。自分にとって醜悪な者が大手を振って生きているのを見ることに耐えなければならないだけで、自分がそのスタイルに巻き込まれる心配はありません。この安全保障が、人間社会に絶えず自然発生し続ける憎悪と迫害の力を弱め、一人一人が自分なりの仕方で美しく生きる試みを可能にします。

自由な社会をつくるための方針

ところで、自由は、人が誇りをもってそれぞれの生を美しく生きるためになくてはならないものであると同時に、多種多様な相容れない生のスタイルを生きる人々が、「なかよく」しなくても共存できるようにする社会の秩序原理でもあります。「存在を許す」自由の秩序は、「なかよく」しなくても安心して暮らせるしくみなのです。

このような自由の原則を社会に行きわたらせるためには、理念を語るだけではなく、社会政策の具体的な方針を立てる必要があります。

最も重要な方針は、他人に特定の生のスタイルを無理強いせずにはおれない歪んだ情熱と、生活環境の利害図式（特に権力図式）が、構造的に一致するチャンスをなくしていくことです。他人を自分の思いどおりになる透明な存在に改鋳せずにはおれない人たちについて詳細に研究するのは、制度・政策的に環境条件をととのえて、彼らが他人を思いどおりにしようとする秩序強迫にふける余地（チャンス空間）をなくす社会設計のためです。

具体的な枠組みとしては、たとえば次の二点が重要です。

1 人々を狭い閉鎖空間に囲い込むマクロ条件を変えて、生活圏の規模と流動性を拡大すること。

2 公私を峻別し、心や態度を問題にしない、客観的で普遍的なルールによる支配。

狭い交際圏では人格的隷従から逃れようがありません。自由に移動できる広い交際圏があってはじめて、ある人間関係が酷いものであった場合に縁を切ったり薄めたりしながら、別の人間関係へ重点を移すことができます。

公私の峻別については、たとえば仕事や勉強をすること（公）と「なかよく」すること（私）を峻別する社会システムのなかで、はじめて個の人格権が保障されます。「なかよく」しなければ仕事や勉強にならない社会では、生きていくために「へつらう」、つまり上位者や有力なグループに自分の生のスタイルを引き渡さざるをえません。それに対して公私の明確な区別は、職務や認定試験の公的基準に達していれば、私的な感情を売り渡して「なかよく」しなくても身の安全が保障されるという安心感を与えます。この安全保障が、卑屈にならなくても生きていける人格権を保つ最低ラインです。

支配（社会学では「支配」も「服従」も中立的な概念です）は、態度や心を問題にせず、外形的行為のみを問題にする「客観的で普遍的なルール」によって行われる必要があります。このようなタイプの普遍的なルールに従う人は、人格のごく一部、それも外側の乾いた部分だけを服従に充《あ》てることができます。「やる気を見せろ」「みんなとなかよくしろ」「おれ

（たち）の気分のいいようにしろ」といった全人的な支配は、きわめて屈辱的で耐え難いのに対して、「一定以上の収入があれば税金を払え」とか、「医者になりたければ国家試験に合格しろ」といった普遍的なルールによる支配は耐えやすいものです。

こういう普遍的なルールの支配は、人間の憎悪と妬みと悪意に満ちた邪悪な部分に、出る幕を与えない傾向があります。そして「悪ずるい」政治的な能力の出る幕を減らします。

もちろん、普遍的で客観的なルールといっても、それを狭い人間関係の自治で決めてはなりません。また運用も恣意的であってはなりません。

たとえばヒトラーの父親は小役人をしていて、日ごろ憎んでいる人物に不利になるように役所のルールを運用したといいます。こういったことは世の中にあふれかえっています。特に利益分配あるいは利権配分、そして公共的なサービスの運営やメンバーの処罰にかかわることについては、仲間内での自治をさせないことが大切です。普遍的なルールは個々の人間関係を超えた広い公共圏で、民主的な手続きによって定め、運用の恣意性を排除するためのチェック機構を張りめぐらす必要があります。

たしかに、国家権力や集団による人権侵害、また天災などに際して、自治的な団結をすることが大切な局面ももちろんありますが、しかし組織の私物化的な運営や派閥支配のための自治を許してはなりません。これら二つの自治は、まったく別物です。

魅力と幸福感による生のスタイルの淘汰

さて、これまで述べてきたリベラリズムの主張は、なぜか「きずなをバラバラにするものだ」といった誤解を受けやすいものです。

こういう誤解は、「きずな」なるものを単数で、しかも宿命的なものとしてイメージすることから来ています。「たとえ屈従的なきずなであっても、それが現に生きられているかぎり、まったくきずな（単数）が存在しないよりはましだ。なぜならば、自己はきずな（単数）によって位置ある自己として成立し、きずな（単数）がなくなれば、人は屈従状態よりもおそろしい真空状態（無）を生きることになるからだ。人は砂粒として無であるよりは、むしろ同胞と共に奴隷であることの方を選ぶ」というわけです。

このような考え方は事実に反します。確かに自己が何らかのきずなに支えられて存在している、つまり自己ときずなはセットになって存在していることは確かですが、そのきずなと自己のセットを単数で考えるのは誤りです。さまざまな生活環境で、多種多様なタイプのきずなと自己のセット（複数）が生態学的にせめぎあっているのが、実際の姿です。そしてあるタイプのきずなと自己のセットが衰退することは、別のタイプのきずなと自己のセットが繁茂することを意味します。精神病でもない限りは、きずなと自己のセットそのものが失われること（真空状態）などありえません。

重要なことは、きずなと自己のさまざまなセットがせめぎあう環境条件が、いかなるものであるか、ということです。強制的な共同体や、「教えて治に至る」透明な社会では、囲い込みと迫害の淘汰圧によって、きずなと自己のセット（の生活空間における生態学的布置）が決定されます。それに対して自由な社会では、魅力と幸福感による淘汰によって、一人一人にフィットしたきずなと自己のスタイルが洗練され進化していきます（きずなと自己のセットのスタイルを、生のスタイルと呼びましょう）。

リベラルなインフラストラクチャーによる環境の作用は、単に悪いもの（迫害や囲い込み）を排除する効果があるだけではありません。このインフラ条件が可能にする自由な生活環境のなかで、幸福を追求する人々が新たなスタイルを工夫したり、模倣したり、「いっしょにやろう」と誘惑したり、失望して撤退したりする試行錯誤の積み重ねによって、多種多様なきずなと自己のスタイルが生成し、洗練され、繁茂します（試行錯誤的な交錯による生のスタイルの多様化と洗練）。

このことによって、より高い魅力の規準（複数）が多様に分岐、創設され、次の時点での第二次淘汰の際には、第一次淘汰を通過した生のスタイルがふるい落とされます。この第二次淘汰のハードル（複数）をくぐり抜けた生のスタイル（複数）の試行錯誤的交錯が、さらに新しい多様化と洗練をもたらし、さらに高い魅力と幸福感のハードルを分岐・創設し……という繰り返しが続きます。

もちろん、洗練と多様化に限りがないわけではありません。魅力と幸福感による淘汰をくぐり抜け続けた馴染みの生のスタイルは、「いくたび生まれ変わっても、こういう生き方をしたい」といったものに到達しがちです。

このように、魅力と幸福感による淘汰は、生のスタイルの選択肢空間をますます複雑で魅力的で贅沢なものにしていきます。このことは愛や信頼や倫理や快楽やきずなに関する、洗練されたスタイルの享受可能性の増大を意味します。生のスタイルを自由に選べる人間は、高貴さや美や愛やきずなの質に関して贅沢になり、自己の尊厳の感覚が染みつき、完成度の低いものをますます愛さなくなります。こうして人間世界と人格は多元的に洗練されていきます。

これは、ひょっとして生存競争のような印象を与えるかもしれませんが、ちがいます。

問題は、

1　何が淘汰されるのか（淘汰単位）
2　何によって淘汰が起こるのか（淘汰媒体）
3　淘汰の受益者は誰か（受益主体）

ということです。

かつての野蛮な優勝劣敗モデルは淘汰される単位が個々の人間であり、また想定された淘汰の受益者は個々人ではなく、全体でした。

これに対して自由な社会では、淘汰されるのは個々の人間ではなく、自己やコミュニケーションやきずなの「スタイル」（生のスタイル）です。この淘汰は魅力と幸福感を媒体とします。そして淘汰の受益者は、磨き上げられたスタイルを享受しながら多様に成長することができる自由な個々人なのです。

試行錯誤によって自己という「虚構」をつくる

自由は、人間の尊厳を支える大切な価値の一つであると同時に、各人にとっての十人十色の高貴さ（それぞれの生のスタイルの完成度の高さ）を可能にする、成長促進的な生態学的環境条件でもあります。

自由のなかで生のスタイルの完成度を高めていくことは、自分に馴染んでいくことでもあります。たとえば、自分はなにが好きでなにが嫌いか、なにを愛しなにを憎むか、どんなときに幸福でどんなときに不幸か……、といったことがぴたっと身についていて、それに従って動いていると的確に幸福感がわいてくる——こういう状態を、自分に馴染んでいる状態と呼ぶことができます。自分に馴染んだ生活をしているとき、その人は幸福です。

自分が感じる魅力や幸福感によって、他者との距離の調節を自由に繰り返すことで、自分（が他者とともにある馴染みの存在様式）がわかってきます。こういう距離の調節の繰り返しは、自分を知る旅のようなものです。この旅の目的は、自分に馴染むことです。

（自分が壊れてわけがわからなくなる「むかつき」は、このメカニズムの失調状態のことである、と私は捉えています）。

さらにいうと、自分というものは最初からできあがっているものではなく、こういう自分を知る旅をしながら、発見される瞬間瞬間にできあがっていくものです。

確固とした自己ができあがっていない者に自由を与えるのは危険だという論もありますが、逆です。大人も子どもも確固とした自己などないからこそ、いつも魅力と幸福感を羅針盤とする自由の旅を繰り返しながら、自分に馴染むスタイルの調節をしつづける必要があります。そしてこの調整によって「たしかな自己」という虚構を、生きるために必要な虚構として成立させることが可能になります。

特定の共同体や透明な社会を強制されない自由な生活環境であればあるほど、人は安心して、そして思う存分、他者と共に生きる試行錯誤の旅をすることができます。つまり魅力と幸福感に導かれて自由にあちこちフラフラ（遊動）しながら、さまざまな仕方で他者との関係に自己感覚を埋め込む（着床する）試行錯誤を繰り返します。このことによって、それぞれが十人十色の仕方で自分と世界に馴染んでいきます。またこのようにして、人々は深く自己感覚を埋め込んだきずなをむすぶ能力を獲得していきます。このような遊動と着床の積み重ねによって、人々はオーダー・メイドの自己形成ときずな形成を遂げます。

このような自由の旅において、遊動と着床（自由ときずな）は相克するのではなく、相乗し合います。この相乗するループを〈遊動—着床〉と呼びましょう。

多くの人々の〈遊動—着床〉の積み重ねから、生活圏はさまざまなきずなユニットで満たされます。広い生活圏に自生する多様なきずなユニット群は、魅力と幸福感によって淘汰され進化します。

行政の役割

最後に行政の役割を指摘しましょう。行政は、さまざまな生のスタイルやきずなユニットの魅力による淘汰と進化と多様化が十分に展開するような、大枠としての、自由な空間を設定したり維持したりする役割を担います。

この大枠のなかで、どのような善い生やきずなや「人間像」が発生し、展開し、多様化するかは、環境設計者にもわかりません。むしろ環境設計者としては、何が善い生であるかを追求したり指定したりしてはなりません。行政は、さまざまな生のスタイルやきずなユニットの在りようが、囲い込みや脅しや不安によってではなく、人々が魅力と幸福感による試行錯誤を繰り返した結果であり、また魅力と幸福感による将来の展開可能性に開かれているのであれば、「それでよし」とします。

このような自由の環境秩序を、細心の注意を払って保持するのが、環境設計者としての行政の仕事です。たとえば行政は、自由な〈遊動―着床〉のライフチャンスをすべての人に提供する責任を持ちます。提供されるべきは、教育ではなく、ライフチャンス（とセーフティ・ネット）なのです。たとえば行政は、街を〈遊動―着床〉の誘惑空間とする都市計画を行います。さまざまなアクターが、〈遊動—着床〉のいわば「フェロモン」を撒き散らしやすい環境を整備します。

行政がこれらの責任を十分に果たしているかどうかが、選挙の大きな争点となります。行政は、いわばさまざまな生のスタイルやきずなユニットが共存する自由の雑木林（のような不透明な社会）の多様性を守るエコロジストとしてちゃんと働いているかどうかを、市民によってチェックされます。市民はその仕事ぶりをチェックしながら、市民運動から選挙による「裁き」にいたる、さまざまな介入を行います。この介入が活発になされなければ、行政はよい仕事をすることができません。自由な社会のための環境設計は、活発な民主主義によって支えられます。

青少年への反応が浮き彫りにする社会の欠陥を超えて

青少年が凶悪化したという方向と、情けなくなったという二つの方向で、マス・メディアが煽ると人々が飛びつきます。若者を危険視する言説の流行は常に移り変わり、前の流行に上乗せする仕方で、どんどん悪いイメージはふくらみます（図2）。しかし、統計的には凶悪化していませんし（グラフ1、2）、情けなくなったかどうかを計ることはできません。

青少年ネガティヴ・キャンペーンのおかげで、若者対策と称すれば何でもありの状況になってきました。奴隷的な強制労働や、戒厳令のような夜間外出禁止や、道徳警察が市民の交際に暴力で入り込むといったことに繋がらないようにしなければなりません。

また、景気の動向や産業構造の変化などによって割を食った人たちは、まずもって経済の領域で救済すべきです。にもかかわらず、ありもしない教育問題、つまり教育によって改善すべき生活態度の問題としてニート問題がでっち上げられ、あたかも教育にとりくむことによって彼らが救済可能であるかのごとき幻想が支配的になってきました。

問題はそれだけではありません。青少年ネガティヴ・キャンペーンに対する人々の反応が、われわれの社会の根本的なあり方とその欠陥を明らかにします。

活発な投影同一化をともなう憎悪に満ちた教育強迫が社会を覆い尽くすことは問題です。またそういう教育強迫に突き動かされた人々の姿は、われわれの社会が、人と社会が透明であることを要求する、透明な社会であることをくっきりと浮き彫りにします。

本稿では最後に自由な社会の原理を提出しながら、透明な社会と決別して、日本を不透明な成熟した社会にすることを提案しました。ニート問題をきっかけに、われわれが築いてゆくべき自由な社会とはどういうものなのかを、改めて考えてゆくことが必要だと思います。

第3部　「言説」――「ニート」論を検証する

後藤和智

はじめに――思考を放棄する「俗流若者論」

若年層を危険視する言説への「危機感」

二〇〇四年に、東京大学助教授の玄田有史氏や、独立行政法人の労働政策研究・研修機構の研究員である小杉礼子氏が、就業もしておらず、教育や職業訓練も受けていない若年層を表す、「ニート」（ＮＥＥＴ：Not in Education, Employment or Training）というイギリス由来の概念を日本に紹介した。そして、瞬く間にその言葉が、「今時の若者」の問題点を表す言葉の一つとして台頭し、書籍や雑誌はもちろん、新聞の投書欄や、ネット上の掲示板やブログにおいても、頻繁に登場するようになった。

本稿では、そのような経緯で我が国にもたらされ普及した「ニート」という言葉が、我が国においていかなる意味を持って受容されてきたのか、ということを、「ニート」に関する言説を個別に検証することでみていきたい。

はじめに私自身の立場を少し説明させていただきたい。私は、二〇〇〇年、いわゆる「一七歳の犯罪」が喧伝された時期から、青少年をめぐる言説に興味を持ってきた。この年は、豊川の主婦殺害事件や、西鉄バス・ジャック事件など、加害者が一七歳である事件が立て続けに起きた年である。このときの報道は、ひたすら「一七歳が危ない」というようなことを喧伝するものばかりで、「一七歳」ときたら即「危ない」「キレる」といった論調が支配的だった。

当時私は高校一年生だったが、そのときは真剣に一七歳になることを拒絶し、一七歳になる前に死にたいと考えることもあった。また、外に出ても、周りが自分のことを犯罪者としてみているのではないかと恐れるようにさえなった。

しかしその後、少年犯罪や若年層の「問題行動」をめぐる言説に関して、本を読んだりマスコミ報道を細かく検討していったりする過程で、例えば少年による凶悪犯罪はピーク時である一九六〇年ごろと比して大幅に減少していることなどを知るようになる。そして私は事件や「問題行動」そのものよりも、むしろマスコミの「語り口」に疑問を持つようになった。

そのような問題意識から、高校在学中は、所属していた物理部の部誌において実験のレポートとは別に書いた短いエッセイや、生徒会誌の自由投稿などで、二〇〇一年以降の「荒れる成人式」報道の検証を行うようになった。また大学に入ってからは、若年層をめぐる言説に関して批判的に吟味する文章を、雑誌や新聞に投稿するようになった（『論座』二〇〇二年一二月号と、同二〇〇四年二月号の投書欄に投書が掲載された）。

さらに二〇〇四年一一月からは、私はインターネット上のブログにおいて青少年言説の検証に取り組んでおり、少しずつではあるが読者数を増やしている（「新・後藤和智事務所〜若者報道から見た日本〜」http://kgotoworks.cocolog-nifty.com/youthjournalism/）。このような作業をしていると、若年層に対する一面的なイメージをもってして若年層を危険視する言論は、右派・左派のどちらにもかなり容易に受け入れられるということに気づかされる。

今回は「ニート」（私はこの言葉の響きがあまり好きではなく、普段の文章では「若年無業者」と表記しているが、ここではマスコミにおける「ニート」像を扱うので、「若年無業者」ではなく「ニート」と表記することとする）についての論考であるが、私はこの問題に関しては、当初はあまり関心を持っておらず、それよりもフリーター問題について関心が強かった。

しかし各種メディアの「ニート」論に接していくうちに、この問題がフリーター問題と同様に社会構造の問題と深く関わっていることを知るとともに、これまたフリーター問題と同じように社会構造ではなく若年層の「甘え」ばかりが問題視されていることに危機感を覚えるようになった。

社会的責任からの逃走

多くの「ニート」論が、単に巷《ちまた》の青少年問題言説の焼き直しでしかなくなっている。

例えば、ある人は「ニート」を最初から「理解できない」存在と決め付け、そのような輩《やから》を生み出した原因は自分にとって「当たり前」ではないもの――例えば、携帯電話、ゲーム、そして母子密着型の子育て――であると糾弾する。また、ある人は、「学力低下」対策や「ひきこもり」対策として使われた教育論を、そのまま「ニート」対策に適用する。その他にも、若年層に「適切な職業観」「適切な社会観」を教え込めば、彼らが「ニート」になることを予防できると主張したり、「ニート」を戦後民主主義教育が生み出した「鬼胎」と見なしたりするものもある。また、週刊誌などの雑誌では、（社会階層ではなく家庭教育の問題としての）「ニートが生み出される家庭」とか「自分の子供をニートにしない子育て」などといった特集が組まれるようになっている。

それればかりでなく、「ニート」という言葉が、本来の意味とはかけ離れて、現代社会の負の側面を表す言葉として安易に用いられるようになり、「就業もしていなければ、教育も受けていない若年層」という元々の意味は、ほとんど背後に押し込まれてしまった。

本来であれば、若年層が「ニート」になるという現象に関しては、本人や親の責任だけ追及するのではなく、社会構造の問題にも踏み込まなければならないはずだ。この問題がひとえに就労に関わる問題である以上、企業の労働需要やキャリア教育、および学校の機能の問題を含めて、広い視野で問題が把握されなければならない。

しかし、現代の我が国における「ニート」をめぐる議論では、その原因が本人の心理状態や親の甘やかしの問題に矮小化されてしまっており、フリーター論がそうであったように、「ニート」論もまた労働政策や生き方の問題ではなく、「今時の困った若者」特有の問題として処理されてしまうようになっている。

このような言論が栄えることは、多くの人が「現代社会の堕落」「戦後教育のゆがみ」などのありきたりな認識枠組みにすがることによって、思考を放棄していることを意味している。若年層の「内面」ばかりを問題化し、その「世代的傾向」によって「ニート」を「説明」しようとする態度は、むしろ社会構造上の責任を追及することからの逃走と言ったほうがいいのかもしれない。

本書においてはここまで、第1部では本田由紀氏が、「ニート」と呼ばれる人たちの現状や、本当に解決すべき問題は何か、ということについて検証を行った。また第2部では、内藤朝雄氏が、「ニート」論から更に踏み込んで、青少年に対する危険を煽動する言説が蔓延する背景や、それらの言説が社会にもたらす状況について批判的に考察した。第3部にあたる本稿においては、これらの考察をうけて、「ニート」に関する言説を個別に検証することにより、我が国においていかに「ニート」が歪んだ意味で受容されているか、ということを細かく検証していく。

本稿の概要を説明すると、まず第1節では「ニート」論に強い影響を及ぼしていると考えられる「パラサイト・シングル」論と「社会的ひきこもり」論、およびその周辺に属する言説の検証を行う。次に第2節においては、初期における「ニート」論の広がりを、玄田有史氏と小杉礼子氏を中心に追っていく。第3節から第5節にかけては、各種マスコミにおける「ニート」論を検証する。第3節では週刊誌を、第4節では新聞の投書欄を、第5節では書籍や月刊誌の特集を取り扱う。そして第6節では、我が国において「ニート」という言葉がいかなる意味を持って流通しているか、ということを考察する。

1　「ニート」論前夜——「自立しない若者」への苛立ち

パラサイト・シングルという「ライフスタイル」の問題化

我が国における「ニート」論の特徴は、総じて言えば、『ニート』の若者は親の金で悠々自適に過ごし、自立しようとしない、甘えた人間である」という認識を共有していることである。そのような認識が生まれる背景としては、「自立しない若者」一般に対する苛立ちや批判、更には彼らの親への非難が、「ニート」という言葉が生まれる以前から強固に存在していたことが挙げられる。「ニート」をめぐる言説もそれに「ただ乗り」する形で流行したということについては、内藤氏も指摘しているところである。

まず、本格的に「ニート」論を取り扱う前に、それに先立つ「自立しない若者」論について振り返っておくことにしたい。その際に重要なキーワードとなるのは、「パラサイト・シングル」と「社会的ひきこもり」である。元々「自立しない若者」を採り上げる言説としては、バブル初期の「独身貴族」という言葉があったが、これが深刻な「問題」として認識されるようになったのは、「パラサイト・シングル」がそうであるように平成に入ってからである。

「パラサイト・シングル」という言葉は、東京学芸大学教授の山田昌弘《やまだまさひろ》氏が作った概念で、一九九七年二月八日付の『日本経済新聞』夕刊の記事「増殖する寄生（パラサイト）シングル」という記事で最初に使われている。この記事で山田氏は、「パラサイト・シングル」を、父親の収入で母親と一緒に消費文化を謳歌する娘、として描いており、この概念はこの時点では女性にほぼ限定されて用いられていた。しかし、この言葉が広く知られるきっかけになった山田氏の著書『パラサイト・シングルの時代』（ちくま新書、一九九九年）においては、この概念が親の収入に依存する若年層全般に拡大されている。

山田氏はこの本の中で、「パラサイト・シングル」を《何の気兼ねもせずに親の家の一部屋を占拠し、親が食事を用意したりすることを当然と思い、自分の稼いだお金で、デートしたり、車を買ったり、海外旅行に行ったり、ブランドものを身につけ、彼氏や彼女にプレゼントを買う》（前掲書、一一頁）存在であると規定し、当時社会問題となっていた（そして二〇〇五年現在もなお問題となっている）少子化や晩婚化はすべて「パラサイト・シングル」から説明できる、とした。更に山田氏は同書一八頁において、「パラサイト・シングル」による凶悪犯罪を紹介し、暗に「パラサイト・シングル」と犯罪不安を結びつけるような記述もしている。

山田氏は、この「パラサイト・シングル」という言葉を、単に親と同居している有所得者という意味で用いているのではなく、「パラサイト・シングル」の暮らしぶりから心理状態に至るまで、特定の傾向を決めつけている（例えば山田氏は、同書第4章において、「パラサイト・シングル」の若年は親に依存しているから反抗心や上昇意識が衰退している、としている）。

その結果、この言葉は瞬く間に若年層の「問題のある」ライフスタイルを示す言葉として定着し、日本の「停滞」の責任を「パラサイト・シングル」に押し付けるような発想がこの頃から生まれてしまっている。更にそのような「パラサイト・シングル」を生み出す元凶として、彼らの親がバッシングされる状況も生まれた。そしてすでにお分かりのように、「ニート」論の多くが、この時期の「パラサイト・シングル」論の残滓《さんし》を引きずっているのである。

犯罪と結びつけられた「社会的ひきこもり」

もう一つのキーワードである「社会的ひきこもり」に関しては、精神科医の斎藤環氏が、同名の著書(『社会的ひきこもり』PHP新書、一九九八年)において、この状態にある若年層が数十万人存在していることを述べている。斎藤氏は、本書で「社会的ひきこもり」を《家族以外のあらゆる対人関係を避け、そこから撤退してしまうこと》(前掲書、一八頁)と定義しており、後に斎藤氏はこの定義に「六カ月以上」という数値的な限定をも付け加えている(例えば、斎藤環[二〇〇三b]、四七頁)。また、「ひきこもり」という現象については、最近になって爆発的に増大したものではなく、今から二十数年前からも見られたという指摘もある(例えば、笠原嘉《かさはらよみし》[二〇〇二]の斎藤氏による解説)。

斎藤氏は先の本で、「社会的ひきこもり」の精神状態と、それに対する解決策を述べているが、筆致は抑制的で、「社会的ひきこもり」の害悪を喧伝するような意図も特に見られない(何せ同書の「はじめに」が巷の素朴な「ひきこもり」論批判から始まっているくらいだ)。

しかし、二〇〇〇年になると、一月に新潟県で少女監禁事件が発覚し、五月には西鉄バス・ジャック事件が発生、いずれも極めて注目を浴びたことから、「ひきこもり」は一躍有名な現象となった。それと同時に、「ひきこもり」は犯罪的だ、というイメージも広まるようになった。そして現在に至るまで、『ひきこもり』はネット中毒者」『ひきこもり』のアダルトゲームマニアは性犯罪を起こす」といった、数多くの誤解が流布している。

「サル並み」とされた若年層

これらの「パラサイト・シングル」論および「ひきこもり」論に関して、そもそも最近の若年層が大人たちと「生物学的に」違うのではないか、と指摘する議論も存在する。その典型として、京都大学霊長類研究所の正高信男《まさたかのぶお》教授の活動は見逃すことができない。

正高氏は、著書『父親力』（中公新書、二〇〇二年）において、子育てにおける父親の存在感の欠如が「パラサイト・シングル」の背景にある、と軽く触れた。その正高氏が本格的に「自立しない若者」論に触れるのは、ベストセラーとなった『ケータイを持ったサル』（中公新書、二〇〇三年）である。この本で正高氏は、「今時の」女子高生と、「ひきこもり」の青少年は、「家の外」に出ることを拒否するという点で共通しており、その背景として母子密着型の子育て＝サル型の子育てがある、と述べている。

正高氏は、渋谷でよく見られるような「今時の」女子高生が「家の外」に出ることを拒否していることの証左として、例えば女子高生がルーズソックスをはいて靴のかかとを潰す行為を挙げている。しかしその理由が、そのような行為がまるでスリッパを履いているようだから、というものにすぎない（正高信男［二〇〇三］、一一頁）。そもそも正高氏によれば、母子密着型の子育ては、《餌づけされたニホンザルの群れで、高順位ザルとつかず離れず暮らしつつ、かつ母ザルの影響のもとで群れの支配権を掌握した息子ザルの姿と、強く重なってくる》（正高、前掲書、一八頁）ゆえに、《昨今の日本の親子関係とは、母親が何不自由なく思うがままに密着した状態で養育を行ったため、かえって子どもの社会化に悪影響を及ぼしている》（正高、前掲書、三〇頁）のだという。

渋谷の女子高生が《はてしなく自分たちに居心地のよい、渋谷・原宿・「裏原宿」の地域にたまっている》のも、結局のところ《餌づけされて食物を採取する苦労をしなくなったニホンザルのほとんどが、一生を自分の生まれた群れで終えるようになるのと、おそろしく合致している》（正高、前掲書、三二頁）点において、渋谷の女子高生はサルに退化している、という。そしてその根底にある意識のあり方は、自分の殻を破ろうとしない「ひきこもり」の連中と同じものであり、共通しているのが母子密着型の子育てである——というのが正高氏の主張である（正高信男［二〇〇四］、七四頁）。

このような「今時の若者」とサルとのアナロジーは極めて無理があるように思える。にもかかわらず、この本は現代の若年層を「ケータイを持ったサル」と（さも過去の若年層、すなわち現在の大人とは全く違う、それよりも劣った存在であるかのように）名付けたことで、幅広く受け入れられたのだろう。

この「サル」というアナロジーは、別の議論でも用いられている。本筋からずれるのであまり深く触れることはしないが、北海道大学の澤口俊之《さわぐちとしゆき》教授は、フリーターや「ニート」、および「ひきこもり」に代表される「将来への希望を失った」若年層を《「サル並みの脳」の持ち主》であると断定し、社会や雇用の問題を無視して彼らの脳機能（澤口氏は、大脳の機能を統合する上位の機能として、「ＨＱ：Humanity Quotient」という澤口氏オリジナルの概念を用いている）の問題に還元している（澤口俊之［二〇〇五］、九八頁）。

現在流布している「ニート」論は、以上に紹介した「パラサイト・シングル」論と「社会的ひきこもり」論の混合としての側面が強く、内藤氏の言葉を借りるならば、この二つの《「先行ヒット商品」のイメージに上乗せする仕方で、「ニート」が流行した》（内藤朝雄、本書一六二頁）と見なして間違いないだろう。さらに、収入のある「パラサイト・シングル」とは違い、収入がない点において、「ニート」は「パラサイト・シングル」以下と見なされる。そして次節で述べるように、「ニート」論を先導した二人の論者による議論の中では、「ニート」が「ひきこもり」に近い存在であることが当初からかなり前提とされていた。

要するに、「ニート」論とは、「パラサイト・シングル」論と「社会的ひきこもり」論という、二つの「呪われた翼」を背負って生まれてきたものなのである。

2 「ニート」論はいかにして広まったか

初期から強調された「心理的側面」

前節では「ニート」論の前史となる、「自立できない若者」に関する言論を採り上げたが、ここではそれらも絡めつつ、「ニート」論の初期の状況を追っていくこととしたい。

「ニート」という言葉が最初に一般メディアに出てきたのは、『中央公論』二〇〇四年二月号において玄田氏が寄せた「一四歳に『いい大人』と出会わせよう――若者が失業者にもフリーターにもなれない時代に」という文章である。

玄田氏は、この論考の最初のほうで、《義務教育を終えた二五歳未満の若者のなかに、学校にも行っていない、仕事もしていない、仕事に就こうと思ってもいない人々が四五万人もいるという事実だ。この働くこと自体を放棄した四五万人は、日ごろ報道される若年失業者には含まれていない》（玄田有史［二〇〇四a］）と書いて、「ニート」に対する視線を喚起している。更に玄田氏は「ニート」が失業者と比して相談する人がいない割合が高いことなどを挙げて、《ニートは自分に自信がもてない。同年代の人と比べて自分は協調性や積極性、コミュニケーション力などが劣っていると、ニートの二人に一人は感じている》（玄田、前掲）と、心理的な問題を強調している。

また、この玄田氏の『中央公論』における文章での最大の主張は、「一四歳で『いい大人』と出会い、社会で生きていくための力の意味を実感することで、『ニート』になることを予防できる」というものである。

この記事に関しては、読売新聞文化部の時田英之記者が、二〇〇四年一月二八日付『読売新聞』の論壇時評で採り上げている。時田氏は、同じ時期に発売された、岩波書店の『世界』二〇〇四年二月号で「私たちは若い世代を『育てている』か」という特集が組まれたことにも絡めてこの記事を紹介し、《若者文化の変容とともに日本は今、大きな転機を迎えつつあるのかもしれない》（時田英之［二〇〇四］）と結論づけている。

「ニート」に関する記事でもう一つ注目を集めたのは、二〇〇四年五月一七日付『産経新聞』の「働かない若者『ニート』一〇年で一・六倍」という記事であろう。ここでは、労働政策研究・研修機構の副統括研究員である小杉礼子氏による調査の結果が採り上げられている。この記事では「ニート」を《就職意識がなく働かない……若者》（『産経新聞』二〇〇四年五月一七日付）と規定しているほか、小杉氏による「ニート」の四つの分類（ヤンキー型、ひきこもり型、立ちすくみ型、つまずき型）も紹介されている。また、この記事のサブタイトルには、「就職意欲なく親に〝寄生〟」と書かれており、「ニート」が「パラサイト・シングル」の延長として語られていることが確認できる。

この記事で、『パラサイト・シングルの時代』の山田昌弘氏のコメントが掲載されていることも、この記事において「ニート」が「パラサイト・シングル」の延長として認識されていることを裏付ける。山田氏はこの談話において、《「アルバイトとか夢をもっているフリーターのほうがまだましで、『どうなってもいいや』という人が増えることは、社会における不安定要因になる。これだけ努力したら、こんな職に就けてこんな生活が待っているといった将来の見通しがつけられるような総合的対策が必要だろう」》（前掲『産経新聞』）と主張している。

玄田氏による精力的な活動

それに続いて同年七月には、「ニート」という言葉が更に広く知られるようになったきっかけとなる、玄田氏とフリーライターの曲沼美恵氏の共著『ニート──フリーターでもなく失業者でもなく』（幻冬舍、二〇〇四年）が発売される。本書において玄田氏は、「ニート」の特徴として「人間関係が苦手である」ことを強調しているほか、「社会的ひきこもり」と結びつけるような記述をしている。また曲沼氏のレポートでも、人間関係の不安から「ニート」になった人が主として紹介されており、中には「社会的ひきこもり」と言ったほうが正しいのではないか、という事例も存在する（前掲書、二〇八頁）。

玄田氏は、朝日新聞社の『論座』二〇〇四年八月号でも「ニート」に関して触れている（「自己実現疲れ、個性疲れの若者を支援せよ」）。こちらの文章においては、「ニート」の心理的な問題点が更にクローズアップされている。例えば玄田氏は《他者と交わって生きる機会が減少し、その結果、コミュニケーションをとることがどうしようもなく難しいと感じる人々からニートが生まれているのかもしれない》（玄田有史［二〇〇四b］）と、若年層のコミュニケーション環境の劣化が「ニート」を生み出している、ということを示唆している。

また、玄田氏は《現在の若者は、小さいときから個性的であることや自分のやりたいことをみつけることの大切さを繰り返し説かれてきた》（玄田、前掲）と、世代的背景について書いている。玄田氏はこれに続いて、《「自分のやりたいことをみつけたり、やりたい仕事ができたりするのは幸せなことだけれど、やりたいことや仕事がなかったとしても、だからといってそれが不幸だとは限らない」という、ほとんどの大人の仕事についての真実を、もっと正直に伝えていくべきではないのか》(玄田、前掲)と、若年層に大人たちにとっての「当たり前」が失われていることを嘆いている。

二〇〇四年八月一五日付『日本経済新聞』には、同紙編集委員(当時)の鹿嶋敬氏による、『ニート』の書評が掲載される。この書評の中で鹿嶋氏は、「ニート」を《他者とのかかわりを失った〝社会的なひきこもり〟のような現象》(鹿嶋敬[二〇〇四])と表現しており、鹿嶋氏が「ニート」と「ひきこもり」を同列に置いて論じているのがわかる。また、二〇〇四年九月一二日付『朝日新聞』では、東京大学教授の苅谷剛彦氏が『ニート』の書評を執筆しており、こちらの書評では同書で紹介されている「中学二年生の職業体験」を高く評価する形となっている。

以上、見てきたように、「ニート」という言葉や言説が日本に登場した初期段階において、とりわけ玄田有史氏と小杉礼子氏は、いわば「ニート」普及の立役者的存在であったといって間違いない。

玄田氏の「ニート」論は、もっぱら「ニート」になる人の「人間関係の苦手さ」や「コミュニケーション能力の低さ」を強調している。また、玄田氏は一四歳が「ニート」になるかならないかの分かれ道となる、と主張し、一四歳の段階で「いい大人」と出会い、社会や労働のあり方を自覚することの重要性を強調している。

一方、小杉氏の議論は、『産経新聞』の記事にもあるとおり「ニート」を四つの分類に分けて分析している。しかし、その内「ヤンキー型」を除いた三つの分類において、小杉氏は「ニート」における「社会との距離感」や「自信の喪失」を重点的に問題化する傾向が見える。

それゆえ「若者自身の中に問題を見出す」という「ニート」論の特徴は、この両氏の議論の中にすでに用意されていたといえる。

ネットでも広がった「ニート祭り」

とはいえ、当然のことながら彼らの議論だけでは、「ニート」論が社会に広く普及していくことは不可能だった。ここで注目すべきは、マス・メディアの果たした役割である。玄田氏や小杉氏のような「研究者」が生み出す「元ネタ」に対して、より通俗的かつ煽情的な装いを与えて社会にあまねく送り出してきたのは、雑誌や新聞およびテレビ、そして一般向け書籍などの媒体である。

例えば二〇〇四年九月一六日付の『毎日新聞』社説においては「ニート五二万人」という

トピックスが採り上げられており、《仕事をせず、働く意欲もない若者が五二万人いる。この現実をどうとらえ、どんな対応策を立てればいいのか。その答えは見えていない》（二〇〇四年九月一六日付『毎日新聞』社説）と書き出されている。この社説では、「ニート」に関して、《（筆者注：フリーターと）大きく違うのはニートには仕事をする意欲がなく、社会とのつながりを持っていないことだ》と「ニート」の特殊性を強調している。また《若者が働かなくても親の経済力で生活ができる》（前掲『毎日新聞』）と「パラサイト・シングル」論に近い見方を同社説は述べている。

「ニート」の広がりに関して興味深いのは、インターネット上の事象である。検索サイトで「ニート」という言葉を検索してみると、上位に来るサイトに「ニートまとめサイト@ガイドライン」がある。このサイトは、フジテレビの朝の情報番組『とくダネ！』が「ニート」に関する特集を行ったとき、登場した二四歳の「ニート」の男性が「働いたら負けかなと思ってる」と発言したことから始まった、ネット掲示板「2ちゃんねる」における「ニート祭り」をまとめたものである。

このサイトでは『とくダネ！』で発言した男性について、次のように説明している。曰く、ニートと言えばもうこの人しか思い浮かばないと言われるくらい有名な彼ですが、これほどの人気を呼んだきっかけは、朝のワイドショー『とくダネ！』のニートの特集なのです。二四歳とはとても思えない風貌、「働いたら負けかなと思ってる」「今の自分は勝ってると思います」等強烈なインパクトを持つセリフが2ちゃんねらーの心を鷲づかみにしてしまったのだ……（http://www.geocities.jp/soso_evolution_x/kaisetsu.html）

このような「ニート祭り」が盛り上がったことから、ネット上では「ニート」＝「働いたら負けかなと思ってる」という認識が大きく広まっているようだ。「2ちゃんねる」において様々な事象が「祭り」として仰々しく消化される構造については、社会学者の北田《きただ》暁大《あきひろ》氏が指摘している（北田暁大［二〇〇四］）。ネット上において、このような形で「ニート祭り」が盛り上がったのは、『とくダネ！』に登場した二四歳男性の極めて特徴的な風貌に加え、「働いたら負けかなと思ってる」という「反社会的」な発言の「ネタ化」も強く関わっている。

これらの新聞やネット上の例に見られるとおり、「ニート」は青少年をめぐる問題の新しいトピックスとしてマスコミの関心事となった。それと同時に、「ニート」という存在にはさまざまな特徴付け――その大半が、「自立していない若者」「自分勝手な若者」といったイメージなのだが――が与えられるようになり、本来の定義である「一五―三四歳で、就業もしていなければ、教育も受けておらず、また求職活動もしていない若年層」という意味から離れていった。そして、このような「ニート」という言葉自体の独自の「発展」が、結果として人々の視線を社会構造の問題からそらせていったことは注目すべきだろう。

3　週刊誌における「ニート」

次に本節では、社会全体の「ニート」騒動を支えたメディアの一つとして、週刊誌を採り上げたい。週刊誌は、書籍と新聞記事の中間に位置づけられるような「ほどよい」長さの、かつ「わかりやすい」言説を生産し続けることにより、社会の「ニート」観にきわめて大きな影響を及ぼしてきたと考えられる。

週刊誌において、「ニート」報道が最も盛り上がったのは、二〇〇四年の一一月下旬に茨城県土浦市と同県水戸市において相次いで発生した、子供による親殺しであろう。この二つの事件に共通していたのは、両親が教師であること、またどちらも親によって精神的に追いつめられた末の暴発であることだったが、それに加えて特に週刊誌の関心をひきつけたのは、この事件の犯人がいずれも仕事をせずに家に閉じこもりがちだったことであった。

このような犯人の共通性に対して、多くの雑誌は「ひきこもりの殺人」や「ニートの殺人」というレッテルを与えた。週刊誌に限らず、例えば『朝日新聞』本紙までが、連載「殺意の裏側——にっぽんの安全　第5部」の中で、この二つの事件を「ニート」というテーマで採り上げていた（二〇〇四年一二月一八日付、東京本社）。

しかし、この二つの事件だけをもって、『ニート』は危険だ、犯罪的だ」と煽り立てることは、例えば「ゲームを日常的にやっている人は脳がおかしくなって凶悪犯罪を起こす」「フィギュアマニアは少女をフィギュアとして扱いたいがために性犯罪を起こす」などといった、最近の犯罪報道に見られるような無根拠な煽動とそう変わるところはない。

さて、この事件によって「ニート」報道が盛り上がる以前にも、「ニート」について採り上げていた週刊誌がいくつかあった。ここでは、その中でも特に「ニート」の論じ方に関してそれぞれ特徴的な傾向が見られた、毎日新聞社の『サンデー毎日』、朝日新聞社の『AERA』、そして読売新聞社の『読売ウイークリー』の「ニート」記事を検証していくことにする。

また、この問題が経済に及ぼす影響をかんがみてか、経済誌でも「ニート」に関して文章を掲載したり特集を組んだりするものが見られたので、それらについても触れてみたい。

3-1・冷静な『サンデー毎日』

『サンデー毎日』における「ニート」記事は、主としてジャーナリストの池上正樹氏が執筆している。池上氏は「ニート」を徒《いたずら》に問題化しないスタンスをとっており、それどころか「ニート対策」の美名を借りた管理統制主義に対する批判の視点も持ち合わせている。

『サンデー毎日』が「ニート」を初めて扱ったのは二〇〇四年七月二五日号で、一般週刊誌では最も早い。さすがに週刊誌の見出しということもあり、記事のサブタイトルは「ニート」は「フリーターでも失業者でもないただブラブラしている若者」となっているが、記事本文での記述は、登場する玄田有史氏のコメントにほぼ追従している形になっている。ちなみに玄田氏は記事中で「ニート」に関して、《職探しをしていなくても、心の中では仕事に就きたいと思っている人もいます》《働くことに希望が持てずに、立ち止まってしまっている》《ひきこもり状態の人とも似たような傾向があります》（池上正樹［二〇〇四］）などと、おおむね自分の著書における主張と同じことを述べている。

この記事においてユニークなのは、厚生労働省が「ニート」対策として行っている「若者自立塾」に関して、ある永田町関係者の《今回の若年無業者対策の発想の根底には徴兵制に代わるものとして、軍隊的な規律ある集団生活を若者にやらせようという、ある政治家の発想から出てきたといわれている》（池上、前掲）というコメントを紹介し、このような発想で行われているとしたら驚くべきことだ、と苦言を呈しているところである。

池上氏のこのような態度は、その後同誌二〇〇五年一月二日号に掲載された「ニートvs.武部自民党幹事長　大ゲンカの行方」で一層強まる。この記事は、自民党幹事長の武部勤氏が、二〇〇四年一二月九日の講演で、「就職しない若者は自衛隊に入ってサマーワに行けば三カ月で変わるのではないか」という趣旨の発言をしたことを批判したものである。この記事は、「ニート」を批判する政治家やテレビ番組（ここでは、関西ローカルの番組『たかじんのそこまで言って委員会』が採り上げられている）が、「ひきこもり」や「ニート」に対する施策として自衛隊や強制労働を掲げる傾向が強いことを、過去に「ひきこもり」状態にあった上山和樹氏のコメントを引いて指摘しているほか、全体として武部発言中に見られる問題点を指弾する形になっている。

続く二〇〇五年一月九日・一六日合併号には、「迎春ワイド特集　人生ガラガラポン」という特集の一つとして、「名付け親が当惑『英国のニートとはここが違う』」という記事が掲載されている。この記事は、「ニート」という言葉を同志社大学非常勤講師の増田敏恵氏と共に初めて日本に紹介したとされる、千葉大学教授（当時）の宮本みち子氏のコメントを中心に構成されている。

宮本氏はこの記事の中で、《最近、ニート、ニートってマスコミの方が取材に来られるのですが、働く意欲のないことをニートと呼んでいる。英国では失業者や不安定な就労状態のことなのに、日本ではその中から失業者という意味を除いてしまった》（『サンデー毎日』二〇〇五年一月九日・一六日合併号）と指摘し、本来の失業問題という視点が消えてしまっていることを嘆いている。この記事自体は無署名だが、この記事が掲載されているワイド特集の最後に執筆者がまとめて書いてあり、記事の方向性及び『サンデー毎日』における「ニート」記事の流れからすると、ここにも名前が挙がっている池上正樹氏によるものではないかと推測される。

同年八月一四日号では、ニュースキャスターの勝恵子《かつけいこ》氏の対談連載で、玄田有史氏をゲストに招いている。この対談で勝氏は一貫して聞き手に回っている。玄田氏の発言には、今の社会は若い世代に過剰に期待しすぎているとか、あるいは青少年の心理ばかりを問題視するのではなく、もっと社会や労働条件も絡めた複合的な視点から捉えよ、などという、若年層に責任を一方的に押し付けてはいけないという趣旨の提言が含まれている。しかし同時に、「ニート」は「自分探し」をしているとか、あるいは職業体験こそが重要だという、少し間違えば、それこそ同誌の池上正樹氏の記事で批判されている強制労働論や、あるいは自己責任論などにつながりかねない発言も飛び出している。

しかし、『サンデー毎日』においては、「ニート」を徒に本人の問題に回収するな、社会に対する批判的な視点も忘れるな、という主張が一貫してなされている点において、この三誌の中では最も冷静な報道や報告を目指していると評価できるだろう。

3-2・「不安」を強調する『AERA』

『AERA』では、主として編集部の内山洋紀氏と、ジャーナリストの石臥《いしぶし》薫《かおる》子《こ》氏が「ニート」関連の記事を書いている。内山氏と石臥氏に共通する執筆姿勢は、「ニート」を心理的な側面から採り上げていることであり、この切り口から論じているために、「自己責任」論に収束する傾向がある。

『AERA』において最初に「ニート」を扱った記事は、同誌二〇〇四年一一月八日号の巻頭特集であり、この特集は内山洋紀氏による「二〇代おおう『心はニート』」と、石臥薫子氏による『働く意味』と『結婚の意味』」の二本の記事から成っている。

内山氏の記事は、現在就職している若者の中にも、「就業できたからといって『自分のやりたいこと』ではない」と感じる層が増えており、彼らは「やりたいこと」を過剰に求めたがる「ニート」に似た心理を抱えている、というスタンスで書かれている。しかし、そのような心理がどこまで広がっているのか、という点には留意せず、ただそれに該当する事例を拾い集めて、二〇代に「潜在ニート」が増えている、と書いているだけである。

石臥氏の記事においても、いわゆる「負け犬」（三〇歳以上の未婚で子供がいない女性）の心理状況と「ニート」の心理状況は共通している、ということが触れられている（例えば、「ニート」が「本当にやりたいこと」に対する無根拠な希望と、自立や就労へのプレッシャーに挟まれているのに対し、「負け犬」は「本当に好きな人と結婚したい」という無根拠な希望と、結婚へのプレッシャーに挟まれている、ということ）。しかしこの記事も、ただ事例を寄せ集めているだけで、問題の全体像やそのような類型の妥当性に触れようとしないという点で、内山氏の記事と同様である。

このような記事の構成は、『ＡＥＲＡ』において、主として女性の悩みや青少年問題などに見られる「問題にならない問題」を、さも社会的に大きな問題であるかのように採り上げる記事で用いられている手法と同種のものだ。コラムニストの中森明夫氏は、『噂の眞相』一九九九年一〇月号において、このような記事が採り上げる問題を「アエラ問題」と表現した（中森明夫［一九九九］［二〇〇二］）。「ニート」問題も、例えば「ひとりっ子のナルシスな闘い」や「片付けられない女たち」といった「アエラ問題」の一つとして扱われている。やたらと「心の問題」を強調するのも特徴的な傾向である。

同誌二〇〇四年一二月二〇日号の特集となると、今度は「親」に視点が移る。内山氏と石臥氏の連名による記事、「ニート親『嘆きの壁』」である。この記事では、「ニート」の親である団塊世代たちは、自分が期待をかけて育て、多くの金をつぎ込み、「やりたいことをやれ」と言ってきた子供が、いざ大学を卒業すると「ひきこもり」になって就業への意欲を失っていることに戸惑っている、という事例が紹介されている。描かれているのは、期待をかけすぎる親、子育てに参加しようとしない父親、就労しようとしない子供に対して戸惑いを隠せない親。また、「ニート」家庭の典型として、団塊世代の親と大卒の子供、という図式が採用されている。

これらの特集から引き出されるのは、「ニート」とは結局のところ子供の心理の問題、あるいは親の教育の問題にすぎない、という理解であろう。

これら二つの特集のもう一つの特徴として、先ほども指摘したとおり、記事の雰囲気に合うような事例を立て続けに採り上げるだけで、巧妙に問題提起や提言を避けていることが挙げられる。このような記事の構成の仕方は、確かにムードを盛り上げることには役に立つのかもしれないし、好意的に言えば読者に考える余地を与えていると言えるのかもしれない。しかしながら全体として筆致が雰囲気に流されている分、リアルなデータや調査に基づかない、表面だけの議論になってしまっている。

これらの記事では、心理的な側面ばかりに光が当てられているため、「ニート」や若年層の離職の問題は、若年層が「世間」と違った価値観を備えているということに還元されている。そこには、「彼らは甘えている、そしてそれを形成したのは親の責任である」という「隠れた本音」が見え隠れする。しかし、それは記事本文においては覆い隠されているため、むしろ投書欄における読者の意見の中に姿を現すようになる。

「働かざる者食うべからず」──それが土台でその上に〝自分に合う仕事。生き甲斐《がい》を感じる仕事〟がのると思います。

親は子供が一人で生きていけるように育てることが何より大事なことで、一番働ける年頃に働けない（かない）子供達をNEETの親達は、一生食べさせていくつもりなのでしょうか。根底が間違っていると思いました。（三六歳美容師／二〇〇四年一一月一五日号）

……こんなことを書いたのは「ニート親『嘆きの壁』」の特集と関連があるからだ。豊かな社会に育った子たちに生きることとの切実感がない。

それが、校長から「のんびりがいい」の発言があったことはショックだ。三田誠広《みたまさひろ》の言う「団塊世代はこれ以上、子供にお金をつぎ込むべきではない」に共鳴する。団塊世代の親は、子供が「生きること」を援助するには、どうすべきかを反省して欲しい。（七七歳教育ジャーナリスト／二〇〇四年一二月二七日号）

「ニート」は甘えている、精神的にひ弱な存在である――このような論調が強く前面に出てくるのは、少々時間をおいて、同誌二〇〇五年四月二五日号に掲載された「姉御負け犬と潜在ニート男」という記事である（石臥薫子氏による）。この記事では、経済的に余裕ができてこれから結婚したいと思っている「負け犬」女性に好かれる男たちは、「潜在ニート」と言うべき、自分より強い異性に甘えたがる男ばかり、という事例が紹介されている。この記事も、単に事例の寄せ集めだけで、単なる身辺雑記レヴェルの文章に堕している。

この記事において強調されているのは、経済力をつけて強くなった女性と、頼りない男、という図式である。このような図式は、この記事に掲載されているイラストや、記事中に「潜在ニート系」「依存男」といった表現が使われていることからも見て取ることができる。この記事が（青少年問題としての）「ニート」を中心的テーマとして取り扱わない記事だからといって、「ニート」というレッテルを「ニート」ではない若年にまで拡張して適用してしまうのは、不適切である。

この記事以後に、「ニート」について詳しく触れた記事が『ＡＥＲＡ』に現れるのは、二〇〇五年一〇月三日号である。この号には、『ＡＥＲＡ』で教育関係の記事を多く書いているライターの小田公美子氏が、同誌による中高一貫校の調査に基づく記事を書いており、タイトルは「ニート対策と先生で選ぶ」。この記事で「ニート対策」として採り上げられているのは、株式取引のシミュレーションによる授業や、地域における職業の調査などといった職業教育である。

これ以外にも、『ＡＥＲＡ』は「ニート」を労働問題というよりも青少年の内面や世代的な傾向による問題、あるいは教育問題として捉えている傾向が強い。例えば、二〇〇五年六月六日号に掲載された、同誌編集部の佐藤修史氏の記事「団塊ジュニア『レサパン』逆襲の時」(「レサパン」とは、レッサーパンダの意味。このタイトルは、この時期、千葉市動物公園の直立するレッサーパンダが話題になったことから、社会に押さえつけられている団塊ジュニアもそのように立ち上がるべきだ、というアナロジーとなっている)という記事においては、団塊ジュニア以下の世代を、《たまごっち、ルーズソックス、ヤマンバ、ヒップホップ、援助交際、ニートといった言葉に象徴される「何でもアリ」の世代》(佐藤修史[二〇〇五])としている。このように、ただ「この世代」の現象であるということだけで、「ニート」が他のさまざまな「理解できないもの」と同一線上で語られている。

また、二〇〇五年一一月二一日号では、「ニート」が非婚や両親殺害事件と同列にされ「家庭の問題」として語られている(河野正一郎「働かない長男　結婚しない長女」)。

なお、二〇〇五年三月一四日号では、養老孟司(解剖学者)、池田清彦(生物学者)、吉岡忍(作家)の三氏による連載鼎談で「ニート」について触れられているが、こちらの鼎談では「ニート問題」を中心に語っているわけではなく、むしろ戦後日本の「生き方」や「勤労観」を見直すという問題意識が働いている。

連載鼎談を除けば、『AERA』における「ニート」記事は、記事の雰囲気に沿うような事例を寄せ集めているばかりである。そして青少年の心理や親の育て方の問題をことさらに強調し、社会構造や就労の問題を巧みに避けている傾向がある。それが、『AERA』の「ニート」記事の欠陥であるといえる。

3-3・憎悪を煽る『読売ウイークリー』

『読売ウイークリー』の「ニート」に関する記事の論調は、『AERA』よりもいっそう「ニート」に手厳しい。この雑誌においては、主として編集部の奥田祥子氏が「ニート」関連記事を執筆しているのだが、同誌の論調は基本的に「ニート」を「なってはならない存在」や「社会にとってのリスク」と明確に認識しており、「ニート」の「害悪」を強調する傾向が見られる。

『読売ウイークリー』で最初に「ニート」に関する記述が現れるのは、同誌二〇〇四年一〇月三日号の巻頭特集「わが子をフリーターにしないために」で、この特集は奥田氏と、同じく編集部の京極理恵氏が執筆している。この特集における「ニート」の記述に関しては、この概念を我が国に紹介した玄田有史氏や小杉礼子氏のコメントが使われており、この二人の主張に寄り添う形で書かれている。

同誌が「ニート」を危険な存在であると主張し始めるのは、同年一二月一九日号の記事『困った我が子』にどう迫るか」という記事である（奥田祥子氏による）。この記事は、茨城県の水戸市と土浦市で相次いで起こった、息子による両親殺害事件を採り上げたものである。この記事では、冒頭のほうで《しかし、事件を離れて考えてみれば、フリーターの存在が当たり前になり、学校にも行かず、仕事もせず、職探しもしていない「ニート」問題が騒がれるなか、どこの家庭にも深刻さの濃淡はあれ、「困った子」はいる》（奥田祥子［二〇〇四］）と書かれている。同誌が、「ニート」を「困った子」一般の問題に拡大しているのがわかる。

この記事において注意すべきなのは、臨床心理士の信田さよ子氏の発言である。信田氏は《引きこもりやニートというと、本人のせいにする風潮がありますが、これには少なからず親の責任がある。特にニートは、親が子供に経済的援助をして、同居させているからこそ、生まれている。子供に対する期待が愛情であると信じて疑わない親の姿勢にこそ、問題がある》（奥田、前掲）と述べている。しかし、「ニート」が就業に関わる問題である以上、信田氏は企業や社会の構造の問題にも関心を向けるべきであろう。

この記事では、評論家の芹沢俊介《せりざわしゅんすけ》氏や東京工業大学教授の影山任佐《かげやまじんすけ》氏、そして青少年の自立支援NPO「青少年自立援助センター」理事長の工藤定次《くどうさだつぐ》氏も発言しているのだが、影山氏や芹沢氏の発言に共通しているのもまた、「この事件は、親が子供に過剰に期待をかけすぎて、子供の居場所や自立する機会が奪われてしまうという構造を抱えている」ということである。工藤氏は、子供の問題を親の責任や本人の甘えと決め付ける社会に問題がある、とも述べている。だが、このような発言はまとめにおいては無視され、最終的にこの記事は「親が変わるべきだ」という結論に収束する。ゆえに、この記事の「本音」は、最初のほうで奥田氏が掲げた「これらの事件は、『困った子』と適切な距離をとって、『困った子』を自分の力で更生できない親の責任である」というところにあるのだろう。

二〇〇五年五月二九日号には、「子どもの『就職』に口を出せ!」という記事が掲載される(奥田祥子氏と京極理恵氏による)。こちらの記事では、特に「ニート」に対する敵愾心《てきがいしん》は見られない。また、この記事は週刊誌全体の「ニート」記事の中でも良質の部類に入る記事である。

冒頭では、一昔前なら「甘やかし」と批判された、子供の就職に親が口を出すことの意義が述べられている。その中には、非正規雇用が増えて特に高卒や高校中退者の新卒正規就職が難しくなっていることや、高学歴化に取り残されて将来に希望が持てない階層の拡大にも触れられている。また、この記事では、子供が就職できなくとも決して自分を責めてはならない、というキャリアカウンセラーの小島貴子《こじまたかこ》氏の言葉が引用されていたり、親が積極的に子供の就職に関わるためのメソッドが紹介されていたりと、親を不安に陥れるのではなくポジティヴに行動を促す方向になっている。

このように良質な記事が掲載されたにもかかわらず、同年八月一四日号では、「ニート」に対する憎悪が再び、しかも激しく噴出してしまう。その記事が、奥田氏と、同じく同誌編集部の高畑基宏氏による「ニート家庭『凄絶』白書」である。この記事のリード文には次のように書かれている。

「親思う心にまさる親心」とは、よく言ったもの。子どもの行く末を案じる親の庇護《ひご》の下に、今やニート、フリーター三〇〇万人。働かない若者についてはこれまで、年金財政や経済への悪影響ばかりが論じられ、もっぱら子どもの就職支援のあり方に関心が向けられてきた。だが、そうした自立しない子どもを持った家庭がどれほど過酷かは、あまり知られていない。憂慮すべきは、共倒れの危機にさらされる親たちなのだ。（奥田祥子、高畑

基宏［二〇〇五］）

この記事は、基本的に「『ニート』に安住する自分勝手な若者たちは、自分が親に迷惑をかけていることに気づこうとしない。しかし、『ニート』が家計に及ぼす影響は深刻であり、この問題を解決するためには親は断固として『ニート』を拒否しなければならない」というスタンスで書かれている。内容としてはＮＰＯ法人「子どもにかけるお金を考える会」（畠中雅子代表）の主張と、「親が甘やかすから子供が『ニート』になる」というこの記事の主張を裏付けるような事例の寄せ集めである。記事中にも《ニートの息子の借金返済と生活費を、親がすべて面倒を見続ける状態が、本人を無気力にしているとしか考えられない》《だが、母親はいまだに、……長男をかばうのだ》（以上、奥田、高畑、前掲）などといった表現が頻出する。このように、この記事には明らかに「ニート」、そしてその親に対する憎悪が見られる。

この記事において問題視すべき点はまだたくさんある。例えば先の「考える会」の代表、畠中雅子氏は、「親は『ニート』の子供を突き放せ」と主張し、また《ニートやフリーターにお金を出し続けることは、事態を前に進めているのではなく、後ろに下げているのです》

と発言するなど、「ニート」を生み出した責任を過剰に親に求めている。

更に、この記事には、評論家の吉武輝子氏や東京学芸大学教授の山田昌弘氏がコメントを寄せているのだが、いずれの発言も「親の責任」を強調するものとなっている。例えば山田氏は、《もしわが子が過大な夢を追い続けているような場合には、夢から覚めさせることが必要です》と語っているけれども、夢から覚めたところで子供が就業する、という保証はどこにもない。

このように「ニート」の害悪を喧伝し、「親の責任」を強調する記事が、親を追いつめ、社会構造の責任を追及することや親が第三者に助けを求める道を封鎖してしまう。

『読売ウイークリー』の「ニート」に対する憎悪は、同誌二〇〇五年一〇月一六日号と二三日号の二度にわたって掲載された、ジャーナリストの上野玲氏の短期集中連載「急増！　生活保護ニート」にも表れている。一〇月一六日号の記事では、税金による生活保護を受ける「ニート」の事例として、自分の夢ばかり話してちっとも就労もせず、生活保護を受ける二八歳の男性が紹介されているのだが、これが本当に「生活保護ニート」の典型的事例なのか、ということは示されていない。そもそも上野氏は、「ニート」について《一般的にニートは、親の庇護下にあるパラサイトな身分とされている》（上野玲［二〇〇五］）と書いており、上野氏もまた「ニート」を「甘え」として捉えている節が見て取れる。

また、二三日号の記事においては、親が生活保護を受けているから子供も生活保護で暮らしている、という事例が引かれている。しかし、この記事においても、結局は子供が「親が生活保護で生活しているから、生活保護を受ければ就労しなくてもいい」と考えることが問題化されており、生活保護を受けなければならないほどの親の経済状況が子供に及ぼす影響は無視されている。

『読売ウイークリー』の「ニート」に対する認識は、記事に添えられた写真やイラストにも表れており、例えば二〇〇四年一二月一九日号の記事においては、白黒反転された子供たち(制服を着ているから、高校生の男女だろうか)の前に親が立ちすくんでいる、という構図の写真が掲載されている。また、二〇〇五年一〇月一六日号の記事には、パソコンの横で眠っている青年の姿がある。

さらに『読売ウイークリー』の「ニート」に対する態度が強く出ているのが二〇〇五年八月一四日号の記事であろう。この記事には渋谷あたりでよく見られるような青少年の背中の写真が掲載されているのだが、それらよりも問題視すべきなのは、この記事の最初の頁に掲載されたイラストである。「NEET Not in Education, Employment, or Training」と書かれたシャツを着て、寝そべって、悪びれもせず堂々とテレビを観ている青年と、その陰で、戦々恐々としている両親という構図である。

なお、『読売ウイークリー』に関しては、同誌二〇〇五年一一月二〇日号に「だからニートに」とサブタイトルに大書された「子どもから〝逃げる〟父親たち」という記事が掲載されている（編集部の奥田祥子氏と高畑基宏氏、ならびにライターの水崎真智子氏による）。しかしこの記事は突然思い通りにならなくなってしまった子供に父親はいかに対処すべきか、という内容であり、「ニート」とはほとんど関係がない。また、この記事には、ブロック塀の向こう側でゲームをしている子供が、壁の反対側から顔を出している母親をうるさそうににらみつけているという構図のイラストが入っている。

優れた記事もある『読売ウイークリー』だが、やはり全体としては「ニート」を社会の安定をむさぼる害悪だとか、あるいは親の甘やかしによって自分勝手になってしまった「困った子」といったマイナスイメージで捉えた記事が多い。それらの記事は、それゆえただ不安感、あるいは敵愾心を煽るばかりの内容になってしまっており、読者を適切な理解からむしろ遠ざけてしまっているように見受けられる。

3-4・経済誌・ビジネス誌は「ニート」をいかに捉えているか

経済誌・ビジネス誌に関しても触れておこう。まず、主要な経済週刊誌、すなわち『週刊ダイヤモンド』『エコノミスト』『週刊東洋経済』の三誌はすべて、二〇〇五年の新年号において、同年のキーワードとなる経済用語として「ニート」を採り上げていた。ただし、『週刊東洋経済』に関しては、主要な記事で「ニート」という言葉が出てくるのはこれくらいである。

『エコノミスト』においては、二〇〇五年三月二二日号の特集「娘、息子の悲惨な職場」という特集の中で、小杉礼子氏が「彼らはなぜ、正社員にならないのか」という記事を書いている。この記事は、分析のほうでは、主として高卒市場における求人環境の悪化や、大卒市場の早すぎる就職スケジュールが指摘されている。ただ、結論部分は単に自分で自分のキャリアを取り仕切る能力のない人がフリーターを続けることの社会的リスクを語っているだけで、最終的に「自己責任」論に収束してしまっている。

ちなみに『エコノミスト』は主要経済誌の中で最も早く「ニート」という言葉を出している（二〇〇四年八月三一日号の特集「人口減少ショック」。第一生命経済研究所・主任エコノミストの門倉貴史《かどくらたかし》氏による）。

一方の『週刊ダイヤモンド』においては、「ニート」という言葉が最初に出てきたのは、二〇〇四年九月一八日号に収録されている玄田有史氏の論考「働くことも学ぶことも放棄した『ニート』四〇万人に急増の現実」である。この論考は、もっぱらこの時期における玄田氏の主張を要約したものになっている。最後のほうでは、自治体の就業訓練の意義が述べられており、その部分において玄田氏は《一日や二日の〝お客様〟のままの職場体験ではなく、五日間続けて〝働く〟職場体験は必ず、子どもたちのなかになにかを残す》（玄田有史［二〇〇四c］）と述べている。玄田氏が「ニート」対策で重視しているのは、職業やコミュニケーションのスキルではなく、子供たちの意識を変えることであることが表れている。

さらに『週刊ダイヤモンド』は、二〇〇五年六月四日号で「息子・娘がニートになる日」という特集を組んでいる。こちらは『週刊ダイヤモンド』編集部の記者（奥田由意、富田亜紗子、濱智子の三氏）とライターの西川敦子氏によるものである。

この特集は、最初の二頁は若年層をめぐる就職の状況について書かれているが、残り八頁のうち四頁は若年自立支援ＮＰＯや企業の活動が紹介されている。そのほかの四頁は、斎藤環、北城恪太郎（経済同友会代表幹事）、小島貴子、原孝（原孝事務所代表・日本ペンクラブ会員）の四氏の談話が掲載されている。どの談話も若年層の内面や親の教育に傾きすぎて

付表1　「ニート」を扱った主要週刊誌・経済誌の記事

1　サンデー毎日

No.	タイトル	掲載号	書き手
1	「ニート」が急増するワケ	2004.7.25	池上正樹
2	ニートvs.武部自民党幹事長　大ゲンカの行方	2005.1.2	池上正樹
3	名付け親が困惑「英国のニートとはここが違う」（特集:「迎春ワイド特集　人生ガラガラポン」）	2005.1.9,16	
4	親が人生をつまらないって態度ばかり示してたらダメなんです。	2005.8.14	勝恵子、玄田有史

2　AERA

No.	タイトル	掲載号	書き手
1	20代おおう「心はニート」	2004.11.8	内山洋紀
2	「働く意味」と「結婚の意味」	2004.11.8	石臥薫子
3	ニート親「嘆きの壁」	2004.12.20	内山洋紀、石臥薫子
4	フリーター　農業で再生	2004.12.20	石臥薫子
5	（虫の目鳥の目魚の目）ニート万歳	2005.3.14	養老孟司、池田清彦、吉岡忍
6	姉御負け犬と潜在ニート男	2005.4.25	石臥薫子
7	ニート対策と先生で選ぶ	2005.10.3	小田公美子
8	働かない長男　結婚しない長女	2005.11.21	河野正一郎

3　読売ウイークリー

No.	タイトル	掲載号	書き手
1	わが子をフリーターにしないために	2004.10.3	京極理恵、奥田祥子
2	「困った我が子」にどう迫るか	2004.12.19	奥田祥子
3	子どもの「就職」に口を出せ!	2005.5.29	京極理恵、奥田祥子
4	ニート家庭「凄絶」白書	2005.8.14	高畑基宏、奥田祥子
5	働きたくないから税金で暮らす	2005.10.16	上野玲
6	働くつもりはない　親もそうだったから	2005.10.23	上野玲
7	子どもから〝逃げる〟父親たち	2005.11.20	高畑基宏、奥田祥子、水崎真智子

4　週刊ダイヤモンド、エコノミスト、プレジデント

No.	タイトル	掲載誌	掲載号	書き手
1	働くことも学ぶことも放棄した「ニート」40万人に急増の現実	週刊ダイヤモンド	2004.9.18	玄田有史
2	無業青年「ニート」の意外な素顔	プレジデント	2004.11.1	石臥薫子
3	彼らはなぜ、正社員にならないのか	エコノミスト	2005.3.22	小杉礼子
4	「ニート・フリーターを生み出す家庭」の特徴分析	プレジデント	2005.5.16	石臥薫子
5	特集:「息子・娘がニートになる日」	週刊ダイヤモンド	2005.6.4	奥田由意、富田亜紗子、濱智子、西川敦子

いるが、タイトルが示している通り、この特集はもっぱら「ニート」である子供を持つ親に向けて書かれたものであるから、少々大目に見るべきかもしれない。

経済週刊誌ではないが、主要なビジネス誌の一つである『プレジデント』にも触れておこう。『プレジデント』においては、「ニート」に関して二本の記事が掲載された（二〇〇四年一一月一日号と二〇〇五年五月一六日号）。執筆者はいずれも、『ＡＥＲＡ』で「ニート」記事を書いていた、ジャーナリストの石臥薫子氏である。

二〇〇四年一一月一日号の記事においては、石臥氏は、取材した数人の「ニート」に関して、彼らの中に「豊かさへの懐疑」があるのではないか、ということを感じ取っており、競争一辺倒でやってきた社会こそが問題だ、という問題意識で終えている。全体としてもバランスの取れた構成になっている。

翻《ひるがえ》って二〇〇五年五月一六日号の記事になると、極端にレヴェルが下がる。最初のほうでは、「ニート」の子供を抱える家庭の惨状を書くほか、「ニート」の問題を「コミュニケーション能力の不足」「物わかりのいい親と素直な子供」に還元している。記事のトーンも過剰に若年層の「内面」を問題視するようになっており、前出の「子どもにかけるお金を考える会」代表の畠中雅子氏のごとき問題の見られる発言も多く確認される。

石臥氏は『プレジデント』二〇〇四年一一月一日号の記事においては、《ニートは……働く意欲が、逆に強すぎるくらいある人も結構いる。親に迷惑をかけていることは、誰よりも本人が一番恥じていて、なんとかこの状況から抜け出したいと願っている》《五二万人ものニートを生んだ社会の構造問題に手をつけることなく、教育や実践講座で、若者の「意識」だけを変えようとしても、難しいのではないか》（石臥薫子［二〇〇四］）と書いていたのだが、二〇〇五年五月一六日号の記事では、いつの間にか石臥氏も「ニート」に石を投げる側になってしまっている。

4　朝日新聞投書欄に見る年齢層別「ニート」観

「道徳の欠如」と捉える高齢層

さて、私はこれまで、週刊誌を中心に、「ニート」論のマスコミなどにおける広がりを見てきた。本節では、そのような「ニート」論の広がりに関して、投書欄はどのように反応したか、ということを、『朝日新聞』を用いてたどっていきたい。

今回資料に『朝日新聞』を用いた理由としては、宮城県図書館で同紙のデータベースが無料で利用可能であり、それゆえ私がもっとも安値で利用できる全国紙のデータベースであったからということで、お許しいただきたい。また、『朝日新聞』は一般的に「左寄り」と見られており、「ニート」に対して手厳しい投書とそうでない投書がおよそ同じくらいの割合で含まれていると見込んだのであるが、実際その通りだった。

『朝日新聞』の投書欄に「ニート」という文字が初めて現れたのは、二〇〇四年九月二四日のことである（名古屋本社）。この投書以降、二〇〇五年一〇月一五日まで、「ニート」という言葉を含む投書は全部で三一本ある（付表2参照。朝日新聞データベースを使用。内容が重複しているものは除いた）。そのうち、「ニート」に批判的な記述を含んでいるものは一三本あった。

興味深いことに、「ニート」に対する批判に関しては、世代別でかなりはっきりとした傾向が見られた。まず、「ニート」に批判的な投稿者の中でも、高年齢の人は、「ニート」を、社会構造の問題よりも道徳の欠如した存在として捉えている傾向がある。

その典型が、『朝日新聞』に最初に「ニート」という言葉が登場した、二〇〇四年九月二四日付『朝日新聞』の投書「増えるニート、腹が立つ甘え」（名古屋本社）であろう。この投書は八五歳無職の男性によるものだが、自分の就業に関する艱難辛苦《かんなんしんく》を書いた後、「ニート」

付表2　「ニート」という文字を含んでいる投書（朝日新聞データベースによる）

No.	タイトル	年齢	職　業	掲載日	発行	分類
1	増えるニート、腹が立つ甘え	85	無職	2004.9.24	名古屋	A
2	「ニート」増加、企業の責任大	48	公務員	2004.10.16	名古屋	C
3	苦労の経験がいずれ役立つ	51	主婦	2004.10.20	西部	D
4	若者に教えて、労働の意味を	29	編集事務	2004.10.24	東京	A
5	若者の自立に熟年がお役に	57	無職	2004.10.26	西部	B
6	増えるニート、職業教育を今	59	高校教員	2004.11.18	大阪	A
7	定職就かぬが、一生懸命です	24	アルバイト	2004.11.23	大阪	C
8	パート労働も厚生年金制に	55	高校教員	2004.11.24	大阪	B
9	教育の目標は生きがいでは	53	主婦	2004.12.23	名古屋	B
10	学力低下より無目的が心配	20	大学生	2005.1.10	西部	A
11	年金の受給に納付期間の壁	55	高校教員	2005.1.12	大阪	B
12	就職難の若者、支援をしたい	61	無職	2005.1.17	東京	B
13	やりたいこと見つかるはず	57	鍼灸師	2005.2.8	大阪	D
14	ニート批判の文科相に驚く	41	養護学校教員	2005.3.17	東京	B
15	「生きる力」を学べる授業を	21	大学生	2005.3.18	東京	A
16	荒れた農山村、誰の罪なのか	82	農業	2005.3.27	名古屋	A
17	親からの自立、果たす年齢だ	18	大学生	2005.4.3	東京	A
18	高齢化社会の選択肢として	53	会社員	2005.4.6	大阪	A
19	厳しい現実に希望失う若者	25	アルバイト	2005.4.8	大阪	C
20	増えるニート、背後に何ある	22	大学院生	2005.5.1	大阪	A
21	ニート記事で将来を考えた	13	中学生	2005.5.20	東京	A
22	鳴かぬなら…私の場合こう	19	大学生	2005.6.12	西部	A
23	テレビ番組のバカ笑い問題	92	無職	2005.7.2	名古屋	D
24	神経患う友に日本社会思う	65	無職	2005.7.26	名古屋	D
25	社会保険庁にもの申したい	47	パート	2005.9.2	東京	C
26	選挙戦の争点、見据え投票を	19	大学生	2005.9.3	名古屋	D
27	子どもたちの教育費軽減を	48	市議会議員	2005.9.9	西部	B
28	子供の苦しみ、大人にも原因	46	主婦	2005.9.18	東京	B
29	若者は働いて年金保険料を	37	主婦	2005.9.27	東京	A
30	国際化こそが、相撲再興の道	77	無職	2005.9.29	名古屋	A
31	ニートの息子、温かく見守る	56	無職	2005.10.10	東京	C

【分類】

A.「ニート」を批判しているもの、あるいは批判的に捉えているもの
B.「ニート」を本人以外の問題として捉えているもの
C. 本人・関係者や、フリーターなど「ニート」に近い立場の人の投書
D. 軽く触れられている程度のもの

※同じ内容のものが複数ある場合は、東京本社発行分を優先
※8と11は同一人物の投書
※29は25に対する批判として書かれている

について《辛苦を経験した私には、その甘えぶりが腹立たしい》と感情的な批判を投げかけている。

この投書と同様の問題設定が行われている投書として、七七歳無職の男性の投書「国際化こそが、相撲再興の道」(二〇〇五年九月二九日付、名古屋本社)を採り上げることができる。この投書は、タイトルだけを見ると相撲の人気の再生策を論じたものに見えるし、実際には外国人力士の努力を称えているものであるが、本文中において、《二〇代そこそこで、異国の地で奮闘している外国人力士を、ニートと呼ばれる日本の若者たちは、少し見習ってはどうか》とあるとおり、この投稿者も「ニート」を努力や道徳の欠如した、怠けている存在として見ている。

また、八二歳で農業に従事している男性の投書「荒れた農山村、誰の罪なのか」(二〇〇五年三月二七日付、名古屋本社)においては、《孫たちが大きくなったと思ったら、今度は浪人だニートだと、頭痛の種は増えるばかり》とし、この原因を《自分の生活を顧みて「子どもは苦労させたくない」と頑張った私たちが悪かったのか、あるいは戦後の政治や教育が悪かったのか》と考え、《上長を敬い、助け合いを教え合った一昔前に戻るべきではないか》と、現代の青少年問題を時代の病理、《一昔前》の規範の欠落の問題として捉えている。

中高生・大学生の投書――少ない雇用構造への視点

一方、「ニート」に批判的な投書で、高齢者と並んで多かったのが現役の中高生および大学生のものである。これらの投書の傾向として、「ニート」は目的がない、自立していない、あるいは「ニート」が生み出されるのは若年層に対する教育が不適切であるからだという、大人たちの「ニート」批判の文脈をそのまま受け継いだような見方が多いことが指摘できる。

例えば、二〇歳大学生による投書「学力低下より無目的が心配」（二〇〇五年一月一〇日付、西部本社）においては、「ニート」は、若年層に《学力低下以前から深刻な何かが根付いて》きたものの帰結と見なされ、《不安定な社会が不安定な人間を生み出しているのではないか》とされている。また二一歳大学生による投書「『生きる力』を学べる授業を」（二〇〇五年三月一八日付、東京本社）においては、教育の問題が取りざたされており、《教育を語る上で昔と今が決定的に違うのは、日常の生活では「生きる力」を身につけることが困難になってしまったことでしょう》と、受けてもいない過去の教育を高く評価している。

自分を反省した上で、自分は「ニート」になってはいけない（なりたくない）、というものもある。例えば一八歳大学生による「親からの自立、果たす年齢だ」（二〇〇五年四月三日付、東京本社）においては、《一八歳にもなって、いまだに私は親に依存ばかりしている》と書き出されており、「ニート」に関しては《彼らには財政面や精神的な面で頼るところがあるから働かないのではないかと思う。両親やほかの誰かに依存しているのだ》と批判している。

また、新聞の「ニート」記事を読んで考えさせられた、という投書も存在し（一三歳中学生「将来を考えたニートの存在」二〇〇五年五月一五日付、西部本社。同月二〇日に東京本社発行分にも「ニート記事で将来を考えた」というタイトルで掲載）、この投書では《いつまでも自分の進路がはっきりしないままだと、ニートを選ばざるを得ないかも知れない》と感想が述べられており、自分はいろいろ経験することによって「ニート」を回避したい、と結ばれている。

ここでは高年世代と若年世代による「ニート」批判を採り上げたけれども、その間の世代に関しては、総じてニートを教育の失敗、特に若年層における職業経験や職業観の欠如の結果として捉えている傾向が強い。

例えば、五九歳高校教員による「増えるニート、職業教育を今」（二〇〇四年一一月一八日付、大阪本社）においては、《専門性と職業観を身につけた高校生の素晴らしさ》を称える形で、「ニート」の防止には職業教育が必要だ、と説かれている。ここでは学校教育が取りざたされているが、二九歳編集事務職による「若者に教えて、労働の意味を」(二〇〇四年一〇月二四日付、東京本社)では、家の手伝いをすることで《働くことの意味が分かれば社会で働く日も近いと思う》と、家庭の教育問題に触れられている。しかし、家での手伝いによって「適切な職業観」が身につくのか、という点で疑問が残る。

ここで紹介した、「ニート」を批判する一連の投書に欠けているのは、職業構造・雇用構造の問題に対する視点であろう。また、これらの投書には、全体的に既存の青少年問題と同じような文脈――例えば、しつけがなっていない、自立していない、教育が悪い、など――で「ニート」を語っているという傾向も見出された。

ただし、「ニート」問題を徒に青少年の心理や職業観に求めようとしない議論も見られた。例えば、五五歳高校教員の投書「パート労働も厚生年金制に」(二〇〇四年一一月二四日付、大阪本社)においては、正社員とパート労働者における企業福祉の格差に触れて、パート労働者に厚生年金を適用することが就業率を上げることにつながる、と述べている。このような論理の構成は少々楽観的に思えもするけれども、労働福祉の点に着目しているのは特徴的である。

興味深いのが、若年就業支援の実務に関わっている人たちによる投書である。四八歳公務員による「『ニート』増加、企業の責任大」（二〇〇四年一〇月一六日付、名古屋本社）は、労働条件の良好なところに志望が集まることを踏まえて、《雇用や労働条件を悪化させ、働く意欲を低下させた企業の社会的責任の視点を忘れてはならないと思う》と提言している。もちろん、若年就業支援の現場で働く人のすべてがこのような考えを持っているわけではないが、このような立場の人は、企業の状況も、また若年層の現実もよく知っていると思われるので、このような意見は貴重であろう。

5　書籍・月刊誌における「ニート」論——子育て・教育論を中心に

玄田有史氏と曲沼美恵氏が『ニート』という本を出して以降、「ニート」をめぐる書籍が、平成一七年四月頃から多数発行されている。私の見る限り、これらの本は以下のタイプに分けることができる。

①〈報告書、分析、ないし自分の取り組みを紹介したもの〉

斎藤環『「負けた」教の信者たち』中公新書ラクレ、二〇〇五年四月
矢幡洋《やはたよう》『働こうとしない人たち』中公新書ラクレ、二〇〇五年五月
小杉礼子『フリーターとニート』勁草書房、二〇〇五年四月
二神能基『希望のニート』東洋経済新報社、二〇〇五年六月
玄田有史『働く過剰』NTT出版、二〇〇五年一〇月
荒木創造《あらきそうぞう》『ニートの心理学』小学館文庫、二〇〇五年一一月
白川一郎《しらかわいちろう》『日本のニート・世界のフリーター』中公新書ラクレ、二〇〇五年一一月
佐藤洋作、平塚眞樹『ニート・フリーターと学力』明石書店、二〇〇五年一一月
工藤啓『「ニート」支援マニュアル』PHP研究所、二〇〇五年一一月

②〈当事者本人に向けて書かれたもの〉
和田秀樹《わだひでき》『ニート脱出』扶桑社、二〇〇五年四月

③〈就学中の子供の親に向けて書かれたもの〉
浅井宏純《あさいひろずみ》、森本和子《もりもとかずこ》『自分の子供をニートにさせない方法』宝島社、二〇〇五年七月
玄田有史、小杉礼子、労働政策研究・研修機構『子どもがニートになったなら』NHK出版生活人新書、二〇〇五年七月

小島貴子『我が子をニートから救う本』すばる舎、二〇〇五年七月
澤井繁男《さわいしげお》『「ニートな子」をもつ親へ贈る本』ＰＨＰ研究所、二〇〇五年七月
（参考：「自分の子どもを絶対にニートにしない30の方法」＝月刊誌『旬なテーマ』二〇〇五年一一月号、中経出版）

④〈就学中の人に向けて書かれたもの〉
鳥居徹也《とりいてつや》『フリーター・ニートになる前に読む本』三笠書房、二〇〇五年七月

基本的に、①の「分析」の類に属する本は、他の分類の本に比して内容がよく練られている場合が多い。例えば、ＮＰＯ法人「ニュースタート事務局」の二神能基代表による『希望のニート』は、自分の取り組みを紹介するだけでなく、「ニート」が経済や社会構造の変化の煽りを少なからず受けていることなどにも触れている。また、追手門学院大学経済学部教授の白川一郎氏による『日本のニート・世界のフリーター』は、欧米の若年就業政策の成果や問題点の紹介にとどまらず、それらの政策を総合して我が国はどのような進路をとるべきか、ということが述べられており、読ませる点が多い。

ただ、中には分析があまり多角的とはいえないものもある。例えば臨床心理士の矢幡洋氏

の『働こうとしない人たち』は、「ニート」問題を、例えば依存性パーソナリティ、あるいは反社会性パーソナリティといった、心理学の概念で説明しているのだが、それらの「当てはめ」には個人的な事情、あるいは社会的な事情が練りこまれておらず、結果として「ニート」を説明するという意図はあまり成功していない。

心理カウンセラーの荒木創造氏の『ニートの心理学』に至っては、「ニート」を日本独特の現象としているほか、「親が甘やかしたから子供がニートになったのだ」と主張する上で都合のいい事例ばかりを登場させている。また、「ひきこもり」を病気であると決め付けたり、「ニート」、更には若年層全体に対する個人的な憤慨から、それらの現象を「現代の若者の幼児性の現れ」と断定したりすらしている。

また、玄田有史氏の『働く過剰』に関しては、フリーターや経済格差に関する記述（第八章まで）は説得力があるが、第九章以降の「ニート」に関する記述となると、唐突に教育の問題や若年層の心理の問題が強調されるため、説得力が落ちる。

この節では、巷の「ニート」論の影響が強いと思われる、③〈就学中の子供の親に向けて書かれたもの〉の四冊、及び、それらの本と共通したコンセプトで構成されている、月刊誌『旬なテーマ』の特集を検証する。さらに、「ニート」論が教育の現場に波及した重要な一例として、④の鳥居徹也氏の著書に関して検証していきたい。

5−1・「親向けニート本」の言説空間

親向けのニート本として書かれた本の中で、世間にはびこる「ニート」に対する誤解や偏見を脱構築しようとする意欲が見られるのは、『子どもがニートになったなら』において小杉礼子氏が「ニート」の分析を行った部分くらいだろう。

小杉氏は、政策の比較研究の視点から、例えば英国と日本における「ニート」という概念の違いを示したり、また、「ニート」、なかでも「家事手伝い」に分類される人が、学歴の低い層や家庭の世帯収入が低い層から出ていること、そして「ニート」の多くがいわゆる団塊ジュニア世代に集中していることなどを示している。

しかし、同書において、これ以外の部分には、理想論、ないし過度に感情的な議論が目立つ。特に玄田有史氏の担当している第1章にそのような表現がよく見られる。

例えば一五頁から一六頁にかけて、若年層のコミュニケーション能力の「低下」が指摘されているが、その直後に、若年層のコミュニケーション能力の「低下」を疑う趣旨の発言をしているのは矛盾としか言いようがないし、そもそも玄田氏の述べているような素朴な「低下」論（最近の若年層は先生や親以外の大人と交わる機会が減少し、自分と年齢も価値観も違う人だらけの場所に通うことにプレッシャーを感じている）が最近の若年層に特徴的なのか、ということに関しても疑問が持たれるべきだろう。

ただしこの本が類書と比して評価できるところは、「ニート」の現状をある程度よく把握していることで、少なくとも議論の端緒には立っている。

この本には、埼玉県庁で職業訓練指導員として働き、現在は立教大学でキャリアカウンセラー業務を行っている小島貴子氏が登場している。その小島氏が書いた『我が子をニートから救う本』は、少なくとも前半のほうでは、「ニート」は甘えだ、身勝手だという誤解を排しているし、「ニート」問題は早急に解決するようなものではない、とか、就業に対する希望を失った「ニート」の背景には「いじめ」の問題が関わっている、という指摘は傾聴に値する。ただ後半になると、やたらと「ニート」に対するネガティヴな記述が頻出する。小島氏はポジティヴに考えることが重要だ、といいながら、本書の後半部分にはポジティヴな表現がほとんど見られない。

しかしこれ以外の本の中には、「ニート」に関して、全く理解していないばかりでなく、あからさまな蔑視的表現、あるいは「ニート」を他の若者論の延長上でしか捉えていない記述が目立つ。

例えば、『自分の子供をニートにさせない方法』において、著者の一人である株式会社海外教育コンサルタンツ代表取締役の浅井宏純氏は、「ニート」に関する事実誤認ばかりを並べて「解説」する。例えば、同書一四頁において、「フリーターより怖いニート」と称して、「ニート」は社会にとって脅威になる、と論じる。だが、その証拠として浅井氏が採り上げているのが、本書での週刊誌の記事の検証の冒頭で触れた、茨城県における二件の殺人事件だけである。「ニート」はおよそ八〇万人いるのに、たった二件の事件だけで「フリーターより怖いニート」などと煽ることも問題だし、この二件の犯人は、「ニート」というよりもむしろ「ひきこもり」と捉えたほうが適切と思われる(かといって、「フリーターより怖い『ひきこもり』」ということも当然のことながらできないが)。

浅井氏は「ニート」発生の原因を、《家族の健康、心の健康、体の健康、社会の健康、教育の健康、お金の健康、メディアの健康》(浅井宏純、森本和子[二〇〇五])が喪失したからだ、と述べる。そして、これらの「健康」を取り戻すためには、礼節を重んじよ、父親の働く背中を見せよ、物を与えるな、やりたくないことをやらせよ、国に対する畏敬の念を持たせよ――云々。こういった物言いは、浅井氏が「ニート」ないし「戦後教育」を非常に狭く捉えていることを示している。このような論理の展開は、結局のところ、これまでの「今時の若者」論を安易に「ニート」批判に当てはめているだけのことにすぎない。

また、浅井氏は、戦後教育が「ニート」急増の原因だと述べた部分で、その証拠の一つとして戦後教育におけるアイデンティティの喪失を挙げているが、浅井氏は三六頁において、国旗や国歌を軽視することまでも「ニート」増加の「原因」としてしまう。曰く、《国を愛さない日本の教育もニートを生み出す背景になっているように感じます》（浅井、森本、前掲）。さらに浅井氏は、国に対して誇りが持てないのだから家族にも誇りが持てない、だから「家族の健康」が失われ、「ニート」が急増する、とも述べている（六五頁）。そもそも「ニート」とは英国から導入された概念のはずだが、英国でも国旗・国歌を否定する教育が行われているのだろうか。その他、運動会で順位をつけないことや、ひな祭りや鯉のぼりの否定も含むとされるいわゆる「ジェンダーフリー教育」などもニートの「原因」とされる。

さて、これに関連して、中経出版から二〇〇五年九月に創刊されたビジネス月刊誌『旬なテーマ』の第二号にあたる二〇〇五年一一月号を見てみたい。

この雑誌では「自分の子どもを絶対にニートにしない30の方法」という特集が組まれている。この特集は、千葉大学名誉教授の多湖輝氏の監修によるものだが、とりわけ注目すべきはこの特集の後半にある「わが子をニートにしない子育ての30のヒント」である。この「30のヒント」と、先程の『自分の子供をニートにさせない方法』における浅井宏純氏の言説を読み比べてみると面白い。

例えばこの特集では、「30のヒント」の一つとして「まずは何でもいいから興味のあるものをやらせてやろう」とある。一方の浅井氏は「やりたくないことをやらせよ」と論じている。また、「30のヒント」が「子どもの進学先は子供に決めさせよう」と書いているのに対し、浅井氏は「大学に行かせないという選択肢も考えよう」と主張している。大まかに見て、「30のヒント」が「子供の自主性」を重視しているのに対し、浅井氏の言説は「親の介入」を重視している傾向が見られる。

しかし、この二つの議論には、むしろ共通している部分のほうが多く存在する。例えば、「30のヒント」に見られる、「きちんとした食事をとらせよう」「社会性を養うためにも、行き過ぎた放任主義は控えよう」「父親は子どもにたくさんましさを教えよう」などは、浅井氏の主張にも見られる。そしてこれらはいずれも、就業構造の問題としての「ニート」とは全く無関係のものだ。浅井氏の主張も「30のヒント」も、失われた「当たり前」を復活させれば、あるいは親が「正しい」子育てをすれば子供が「ニート」にならないで済む、という錯覚を共通して持っている。

その中でもとりわけ注目すべきなのは、「30のヒント」における「テレビゲームやインターネットにはまらせないようにしよう」である。「30のヒント」には、

一人っ子が増えたのと同時に、テレビゲームやインターネット、携帯メールなどでひとり遊びをする子どもも増加した。それを受けて、人間関係を煩わしく思う子どもが増えてきている。

対人能力を養わせるためにも、小さいうちは、ゲームやネットに没頭させないようにし、人と接したりすることの楽しさを教えてあげられるようにしよう。(『旬なテーマ』二〇〇五年一一月号、一六〇頁)

と書かれている。また、浅井氏も、先の著書でこのように述べている。

家の中にいて家族といっしょに食事をしていても、携帯電話でメールをしていたりしています。レストランなどでも、前にいる友達とちょっと会話が途切れてしまった時にはケ

ータイメールで外の友達とつながっていたりします。

……親の意見より友達の意見を優先するのも、こういう実体験をともなわないバーチャルの中で生きている人の特徴です。だからこそ、だんだん疎外されて社会に出るのが怖いというようになっていくのでしょう。（浅井、森本、前掲書、一九頁）

「インターネットや携帯電話のメールにはまるから、『今時の若者』はコミュニケーション能力が低下している」とは、若者論の常套《じょうとう》文句である。しかし実際にそうかといえばそういうわけでもなく、関西大学助教授の辻大介《つじだいすけ》氏は、携帯電話のメールの頻度の高い使用は一般的信頼性（見知らぬ他者一般に対する信頼）を低めるとは言い切れない、ということを実証している。また、辻氏は、例えば孤独恐怖の強い人ほどメールの利用頻度が高いことや、周囲に知人や友人の目がある場合において、「ひとりでいる」ことを見られるのが気になる人は、気にならない人よりも有意にメールの送信数が高いことを挙げ、これまで《「世間の目」を慮《おもんぱか》った行動が公的で、慮らない行動が私的である》というように「世間」＝「公」というものだったものが、現在ではむしろ「世間」的な作法が《「私」との結びつきを――ケータイ的なコミュニケーションを介して――強めている》（辻大介［二〇〇五］）と指摘している。しかし、このような辻氏の詳細な分析と、「30のヒント」や浅井氏が述べているような、『今時の若者』はヴァーチャルの中で生きているから、リアルでのコミュニケーションが苦手だ」という論理との間には、大きな乖離《かいり》がある。

さて、書籍に戻ると、他には関西大学教授の澤井繁男氏の著書『「ニートな子」をもつ親へ贈る本』というのもある。形式としてはエッセイに分類されるようなものだが、この本に込められたメッセージも、「ニートは甘えだ、親が甘やかしているからだ」というものであり、やはり単なる若者論の延長線上にしか立っていない。

このような、単なる若者論への「ただ乗り」でしかない議論——すなわち、「ニート」になる若年層の「内面」を一括りにして、そのような「内面」を育てないための子育てや教育を推奨する議論——が、「ニート」論において一つの大きなムーヴメントとなっている点について、注意を喚起しておきたい。

5-2・鳥居徹也『フリーター・ニートになる前に読む本』が覆い隠すもの

最近では、このような「ニート」の如き「内面」を形成してはならない、という動きが、実際の教育の場にも持ち込まれているようだ。朝日新聞社会部（当時）の河野正一郎氏は、二〇〇五年五月一二日付の『朝日新聞』で、そのような教育を紹介している。

専門学校の職員がニート対策の冊子をつくり、東京都や千葉県の高校に郵送したところ、学校から「授業に使いたい」と注文が相次いでいる。作製から約三週間で、高校の教室に届けられた冊子数は約一万冊になった。希望者が多いため、さらに一万五千部を増刷している。（河野正一郎〔二〇〇五〕）

この記事で紹介されている冊子とは、船橋情報ビジネス専門学校の企画広報室長の鳥居徹也氏による『フリーター・ニートになる前に読む本』である。この本は、二〇〇五年七月に三笠書房から商業出版として刊行されている。また、この本を紹介している二〇〇五年一〇月三日付『読売新聞』の記事によると、鳥居氏の出張授業は、二〇〇五年から文部科学省の委託授業となり、対象も中学校にも広げて全国で行われている。

書籍の評判も上々のようで、例えばネット書店の「アマゾン」では、投稿されているレヴュー一一件のうち一〇件が同書を高く評価しており（二〇〇五年一二月一五日現在）、さらにその中でも八件が満点（五点満点）の評価をしている。しかし、本書が、強烈な自己責任主義や現在のフリーターに対する蔑視に満ちていること、そして企業や政治、および社会構造に対する批判的な視座を欠いていることを疑う向きは少ないようだ。

さて、先ほどの『朝日新聞』の記事の続きを引用してみよう。

フリーターやニートに対する冊子の視線は厳しい。正社員との生涯賃金に触れて、「年金を含めたら、な、なんと三億円近い格差が」。健康保険の説明では「ゴホンといったら諭吉（一万円）が飛ぶ」。フリーターになる若者に『やりたいこと』にこだわりすぎた偏狭さを感じる」と直言する。（河野、前掲）

確かにこの冊子では、フリーターと正社員の「格差」をそのように論じている。そして、ここで着目すべきは、そのような格差の問題を、鳥居氏は個人の努力の問題に巧妙にすりかえている点である。なるほど、確かに、生涯年収と退職金・年金を合わせたら、生涯における正社員とフリーターの所得におよそ三億円の格差が生じるのは事実であろう。しかし、鳥居氏はそのような格差を生み出している社会や政治の構造を問題視しようとはしない。

例えば、「ゴホンといったら諭吉が飛ぶ！」と題された部分を見てみよう。鳥居氏は、国民健康保険に入っている場合と入っていない場合において、風邪の治療にどれほどかかるか、ということを述べている。曰く、入っている場合は一五〇〇円、入っていない場合は五〇三〇円だという。諸経費を含めたらこれより更に出費が高額になるので、鳥居氏が「ゴホンといったら諭吉が飛ぶ」と言っている所以《ゆえん》である。

しかし鳥居氏は企業福祉のあり方を問題視することなく、同書の対象読者である中高生に向かって以下のように「説教」してしまう。曰く、

（筆者注：一万円札が）飛びかねません！

フリーターをやり続けるには、そうした健康面での自己管理も重要です。また正社員の場合は、何か大きな病気にかかり仕事を休んでも、最長で一年半くらい、給料の六〇％程度は国が支給してくれます。でもフリーターの場合はそれはありません。倒れるまで働き、倒れたらひっそりと職場を去るということになります。（鳥居徹也［二〇〇五］、一四頁）

また、鳥居氏は、その直後で、フリーターの住宅事情について述べているのだが、フリー

ターの住宅事情が厳しいものである、ということは事実として確認しうる。ここで鳥居氏は、その解決策として親との同居という選択肢を提示する。ここまでは納得できる。しかしその直後において、《ただ、生活費をまったく負担していないケースも少なからずあるようです。つまり自立していない、自立できていないのです》（鳥居、前掲、一五頁）と述べる。ここでは、経済的な問題の直後に鳥居氏の主観的な判断が出てきてしまっている。

四八頁においては「履歴書を汚さないで！」と書かれているのだが、ここでは「履歴書に書かれないこと」、すなわちアルバイト生活をすること、及び就業しないことを、「履歴書を汚す」と表現することにより、フリーターだけでなく、求職活動を長い間続けていてもなかなか就職にありつけない人でさえ「履歴書を汚している」と貶《おと》められてしまう。

また、五三頁においては、マズローの「欲求五段階説」（生理的欲求、安全の欲求、社会的欲求、自我の欲求、自己実現の欲求）が援用されているのだが、この直後で述べられている《再三話に出ている、三五歳という年齢に一つの区切りがあり、頂上の「自己実現の欲求」に向かうのではないか、と私は考えています》（鳥居、前掲、五六頁）ということに関しては、まったくその根拠が示されていない。

そもそも同書の冒頭において、鳥居氏が《「教育」の最終目標は、知識や技術を身につけて経済的に自立する（就職する）ことである、と私は思います。そうした面から考えると、フリーターやニートという存在は悩ましいものです》（鳥居、前掲、八頁）と述べているように、同書では一貫して「教育」の重要性が強調されている。また、その延長として、フリーターや「ニート」である若年層の内面を反面教師化するという傾向が見られる。

私はここまで、「自分の子供をニートにしないための子育て」、及び「生徒をニートにしないための教育」といった言説に関して批判的に検証を行ってきた。ここではっきりと確認できるのは、学校や家庭の教育の問題を重視する多くの論者が、「ニート」が生み出されるのは若年層に「適切な職業観」「適切な社会観」が備わっていないからであり、適切な子育てや教育によってこそ「ニート」は予防できる、という図式から抜け出せていないことである。

また、これらの言説で展開されている論理は、フリーターや「ニート」となる若年層を、さも教育や子育ての「失敗例」であるかのように捉えているが、そのような論理は当事者のみならず、親に対してまでもマイナスのレッテルを押し付けることにしかならないだろう。

6　拡大する「ニート」論

「ニート」という言葉が我が国にもたらされてから二年近く経った現在においても、多くの人が、「ニート」を単なる「今時の若者」論の延長上にしか考えていないし、そのような形で展開されている言説が多い、ということを、ここまでにみてきた。

その原因としては、この「ニート」という概念をイギリスから輸入した玄田有史氏らが、ニートの「内面」を単純かつ安易に規定してしまったがために、無用なバッシングを呼び込んでしまった、という側面があるだろう。「ニート」という言葉自体が、若者バッシングへの免罪符となってしまっているのだ。

さらに、すでに本書の第1部で本田由紀氏が論じたように、ほとんど増えていない「非希望型」の無業者と、最近になって増加した就職希望の無業者が「ニート」という語感の軽い言葉でひと括りにされることによって、「ひきこもり」や「パラサイト・シングル」同様の問題のある若年層の「ライフスタイル」として認識されるようになってしまった、ということもある。

本稿のまとめとして、さらに拡大・膨張する「ニート」論が、今どのような状況をもたらしつつあるのか、ということを、批判的に検証していきたい。

6-1・「人間力」を喧伝する有識者たち

二〇〇五年に、「若者の人間力を高めるための国民運動」なるプロジェクトが、厚生労働省の主導のもとに始まった。この「国民運動」には、企業や教育の関係者、及び自治体の首長などが多く集まっている。この会議のスタンスは、最近問題になっている若年層の就労の問題を、社会の問題というよりも「若者の問題」として捉えている。

ネット上でも公開されている「国民運動」の第一回議事録の中で、尾辻秀久厚生労働大臣は、《若者の人間力を高めるための国民会議は、各界トップの皆様、有識者の皆様に、若者が人間力を高め、自立できる社会のあり方についてご議論をいただきまして、国民に向けたわかりやすいメッセージを、国民宣言として取りまとめていただきますとともに、若年者雇用問題に関し、広く国民各層に向けた情報発信等の国民運動を行っていただくべく、この度設けさせていただいたものでございます》(「若者の人間力を高めるための国民運動」第一回議事録)と述べている。

この「国民運動」の議事録において、例えば経済同友会代表幹事の北城恪太郎氏は「働くことの意義や面白さを伝えること」を重要視している。しかし、そのような「適切な職業観」「働くことの面白さ」を与えることによって、若年雇用問題が解決できる、と考えるのは、社会構造の側面を無視している点で議論として不足といわざるを得ない。
これ以外にも、自分たちは「人間力」の高い存在で、フリーターや「ニート」になる若年は「人間力」が低い、だから自分たちが彼らの「人間力」を高めてやらなければならない、という意識が見え隠れする。議長が日本経団連代表（当時）の奥田碩氏であることも象徴的である。

この議事録において、むしろもっとも信頼できるのは玄田有史氏であろう。玄田氏は、《あまり、働く意欲の低い若者を高めようと言わないほうがいいです》（前掲議事録）と、この「国民会議」の発言を諫《いさ》めており、評価に値する。しかし玄田氏もまた、「ニート」を「生み出さない」ための施策となると、一四歳のときに五日間就労体験をさせて、そこで「いい大人」と出会わせることの重要性を説いている。

玄田氏のそのような主張の中でも、とりわけ特徴的なのは、このような就労体験が、職業に関する技術をもたらすことよりも、むしろ「心」へ働きかけることを期待している、ということであろう。特に《一四歳での五日間にわたる社会体験の効果として衝撃的なのは、不登校の生徒たちの心にも灯をともすことである》（玄田有史［二〇〇四ａ］）という記述は象徴的である。

ちなみに、二〇〇五年一〇月二七日付『毎日新聞』は、この「国民運動」が同月二六日に、若年層に向けたイベントを行ったことを報じている。記事によれば、このイベントでは、人気タレントなどを動員して若年層に「能力よりも人間力が大事」などと訴えかけたという。

6-2・誤用・濫用される「ニート」

また、「ニート」という存在に対する、この概念の輸入当初から生じているある種の誤解——「ニート」はコミュニケーション能力が低く、自分に自信を持てない存在、などという「内面」に偏った見方——がさまざまな方向に拡大し、「ニート」という言葉が本来の意味——すなわち、就労や就学をしていない若年層——から独り歩きして、独自のニュアンスを持つ言葉に変容してきている、ということを指摘しておかなければならないだろう。

例を挙げてみよう。朝日新聞社の週刊誌『AERA』は、政府税制調査会基礎問題小委員会（石弘光委員長）における、ある委員の以下のような発言を採り上げて、二〇〇五年八月一日号と、同月一五日・二二日号の二号にわたって記事を書いている。

その発言とは、《専業主婦で何もしない人が多いんです。子供も産まないで。働く女の人は前向きで、子供を産みたいわけ。働かないで家でごろごろしている主婦が子供を産まないんです。パラサイト・シングルっているけれど、いまパラサイト・ワイフというのが出てきた。変な生命力のない人たちがお金を持ってぶらぶらしているんですよ》というものである（佐藤修史、坂井浩和［二〇〇五］）。議事録は匿名であるが、『ＡＥＲＡ』はこの発言をした人が作家の猪瀬直樹氏であることを突き止める。

この発言の真意を問うべく、『ＡＥＲＡ』の記者が直接猪瀬氏にインタヴューしているのだが、猪瀬氏はこのインタヴューにおいて「ニート」という言葉を用いている。しかしここでの用いられ方には、もはや本来の意味は霞んでしまっている。曰く、

「働く女性が増え、専業主婦がむしろマイナーになっている。時代に即した税制を考えるなら、配偶者控除はなくした方がいい。育児をするわけでもなく、仕事をするわけでもない主婦、『ニート主婦』とも呼べるような人が、今かなりいるんです。日本はこれから深刻な労働力不足になるから、働く女性を税制面からも支援していくべきです」（佐藤、坂井、前掲）

このような物言いは、この発言に対する反応を採り上げた、同月一五日・二二日号の記事

にも出てきている（佐藤秀男、若林亜紀「眠れぬ夏の夜　逆襲のざわめき」）。曰く、《育児も社会活動もせず、何もしていないニートのような主婦や、高級レストランでランチをしながらおしゃべりに興じているような主婦を税で優遇する必要はないでしょう》（佐藤秀男、若林亜紀［二〇〇五］）と。

そして猪瀬氏は、この「ニート主婦」ということこそが、先ほどの政府税制調査会における発言の真意であると説明している（佐藤、若林、前掲）。猪瀬氏が「ニート」という存在を、その本来の意味から切り離して、社会と関わることを放棄した、怠けた存在という認識で捉えていることがよく見えてくる。

「ニート」を、社会に関わっていない、関わろうとしない存在というアナロジーで用いているのは、何も猪瀬氏ばかりではない。『週刊ダイヤモンド』二〇〇五年六月四日号の特集では、工藤定次氏が「ニート」の家庭について《乱暴な言い方かもしれないが、ニートの家庭は家庭ごとニートである場合がある。親自身、相談できる知り合いがいないのです》（奥田由意、富田亜紗子、濱智子、西川敦子［二〇〇五］）と語っている。「家庭ごとニート」という状態を「ニート」という言葉の定義に従って解釈するのであれば、家族全体が、一五―三四歳で、就業もしていなければ教育も受けていない状態であることを指すはずである。この工藤氏の発言において、「ニート」という言葉が「社会と関わっていない」（または関わりたくない）という象徴的意味を持っていることは明白である。

同様のアナロジーとして、作家の橋本治氏が《システムに組み込まれている人には分からないけど、やっぱりいまのシステムからは、変なニオイがするんだよ。だから、そこから距離を置いちゃう「その他」の人がとっても多いのよ。それはいわば社会人のニート化で、漠然とした欲求不満が増大していくことだよね》（橋本治［二〇〇五］）と語っている。

あるいは日赤医療センターの臨床心理士の金子和子氏が、セックスレスを《「セックスレスが社会現象として騒がれるようになった一方で、学会などに寄せられる相談件数は年々、減少傾向にあります。ニートと同じように、現代人はセックスに関しても意欲がなくなっているのではないでしょうか」》（斎藤珠里、佐藤秀男［二〇〇五］）と、「ニート」になぞらえて言っていることにも、このような「ニート」という言葉の誤用が見られる。さらにこの金子氏のコメントの直前には、小見出しで《性のニート化》（斎藤、佐藤、前掲）と書かれている。

また、「ニート」という言葉が、別の象徴的意味を持っている向きもある。例えば、一部のネット掲示板においては、何かを必死で主張している人たちに対して「ニート必死だな」

と嘲笑するようなことが起こるように、「ニート」を「自分では何もしたくないくせに、偉そうなことばかり言う奴」という意味で使っている傾向があるようだ。

他方で、社会経済生産性本部の調査で、「上司から良心に反する仕事を指示されたらどうするか」という質問において、新入社員の多くが「できるだけ避ける」と答えたことに対して、東京大学教授の船曳建夫《ふなびきたけお》氏は、このような現象を《フリーターやニートなど企業社会を拒否する若者と根は同じ》（山田厚史［二〇〇五］）と、「ニート」を肯定的に捉えている。しかし、このような積極的な評価に関しても、「ニート」と定義される若年層のうち約六割が、働く意欲はあるが今は求職行動をしていない「非求職型」であることをかんがみると、徒に「ニート」を「企業社会を拒否する若者」と捉えることは、あまり適切とはいえない。

本来、「ニート」という言葉は、我が国においては、一五―三四歳で、就業もしていなければ教育も受けていない存在を指す言葉として使われるべきものであった。しかし「ニート」論の現状を見ていると、「ニート」という言葉はなにやら「理解できない」存在、あるいは「哀れむべき」存在、または「堕落した」存在として受容されている傾向が強い。このような傾向は、本稿でも何度か述べたとおり、我が国において「ニート」論が社会構造の問題よりも青少年の内面の問題として問題化されることが多かったことから生まれているといえる。

最後に——「ニート」とは誰か

世論調査の設問に示される先入観

「ニート」という概念が我が国に導入されてから一年半ほど経った、二〇〇五年七月二八日付『読売新聞』で公表された、読売新聞社の「勤労観」に関する世論調査は、我が国において「ニート」論が、青少年の内面の問題、あるいは親の甘やかしの問題として捉えられていることを象徴的に表すものであった。

この調査において、直接的に「ニート」ないしフリーターについての考えを問うている設問と回答は以下の通りである。(カッコ内は回答者比率、単位%)

第2問：あなたは、こうした「ニート」と呼ばれる若者が増えている原因は何だと思いますか。
　次の中から、あれば、いくつでもあげて下さい。
・雇用情勢が厳しいから（四一・四）

・親が甘やかしているから（五四・五）
・学校などで働くことの大切さを教えていないから（二六・〇）
・義務感や責任感のない若者が増えているから（五〇・四）
・社会とのつながりを広げようとしない若者が増えているから（二八・八）
・人間関係をうまく築けない若者が増えているから（四九・八）
・仕事をえり好みする若者が増えているから（二九・九）
・その他（二・一）
・とくにない（一・〇）
・答えない（〇・七）

第3問：決まった職業に就かず、多少収入は不安定でも、好きなときだけアルバイトなどをして生活する「フリーター」と呼ばれる若者も増えています。あなたは、こうしたフリーターやニートと呼ばれる若者が今後さらに増えていくと、日本の社会にどんな影響があると思いますか。次の中から、あれば、いくつでもあげて下さい。

・税収が減り、国や自治体の財政が悪化する（五七・八）
・将来、生活保護を受ける人が増え、国や自治体の財政が悪化する（三九・〇）
・年金や医療などの保険料収入が減り、社会保障制度が揺らぐ（五七・二）

・労働力が不足し、産業界の国際競争力が低下する（三七・三）
・収入が不安定で結婚できない人が増え、少子化が進む（三七・五）
・収入が不安定な人が増え、金欲しさの犯罪が起こりやすくなる（四五・四）
・社会全体の勤労観や価値観がゆがむ（三七・四）
・その他（〇・三）
・とくにない（二・一）
・答えない（〇・八）

この調査からは、少なくとも読売新聞は「ニート」を問題視し、彼らを危険な存在としてしか捉えていないことが浮き彫りになっている。例えば第2問の設問は、一つ目以外はすべて「……である（問題のある）若者が増えているから」という設問になっているし、第3問においても意図的に「ニート」のもたらす将来は暗いものでしかない、という印象を強めるための選択肢しか採用されていない。

このような状況は、社会学者の渋谷《しぶや》望《のぞむ》氏が『現代思想』二〇〇五年一月号で論述している、中流階級の人たちが都市下層の人たちに向ける敵愾心と酷似している。渋谷氏は、中流階級の人にとっての都市下層民の文化、ということについて《まずいえるのは、都市下層は何よりも自文化への脅威とみなされたということである。排除する側にとって都市下層民の文化は「異」文化である。しかしそれは許容可能な、たんなる異文化ではなく、治癒すべき「異」文化であった》（渋谷望［二〇〇五］）と述べている。

そして渋谷氏は、現代社会において《ミドルクラスの「お行儀のよさ」があからさまに差別を禁止するがゆえに、ミドルクラス社会がそれに対処する仕方は、自己の内部の名づけることのできない〈他者〉、境界線を乱す〈わけのわからないもの〉に対する嫌悪、忌避、回避がいっそう顕著なものとなっていくであろう》と書いているが、本稿で検証してきた、「ニート」に対するあからさまな敵視や蔑視もこれと共通しているだろう。

若年層バッシングを超えて

また、それと関連する現象として、中流、都市住民的な「善良な大人」の立場を躍起になって正当化したがるキャッチコピーの蔓延が挙げられるだろう。

例えば、日本大学教授の森昭雄氏の開発した「ゲーム脳の恐怖」という言葉がある。この言葉は、ゲームをすると大脳前頭葉が異常になり、犯罪を起こしたり無気力になったりする、ということを端的に表した言葉である。

しかし森氏の推論には、例えば脳波のα波のことを異常な脳波であるかのごとき説明をしていたり（実際にはα波は異常な脳波ではない）、科学的な裏付けのない憶測が多かったりと、問題が多数見られ、ネット上、最近では書籍においても、その非科学性・非論理性が強く指摘されている（例えば、斎藤環［二〇〇三a］、小笠原喜康《おがさわらひろやす》［二〇〇五］など）。しかしそれでもこのような言葉が流行ってしまうというのは、「ゲームに熱中する子供は何か異常な精神状態を抱えているのではないか」という偏見が強く存在しているからだろう。

二〇〇五年には、消費研究シンクタンク主宰の三浦展氏が「下流社会」という言葉を開発し、これもマスコミで使いまわされるようになる。しかし、この言葉の使われ方もまた、「人生への意識・意欲が低いのが『下流』であり、その『下流』人間は面倒くさいことをしたがらないから、そいつらがフリーターになるのは当然だ」といった自己責任主義や、若者論にありがちな主観的な「説明」に終始している。

更にこれらの言説の延長として、例えば「我が子を殺人者にしない『ゲーム脳』研究」だとか「我が子を『下流』にしない！」といった特集が組まれる。しかしこれらの特集もまた、言説上で「敵」と見なされているような若者に、自分の子供がなってしまうことを防ぐためには……すべき、という「お話」に終始しているだけで、その図式化や、その図式化を支持する背景——例えば、「ゲームをやる奴は他人と関わろうとしない歪んだ奴である」という偏見や、「今時の若者」は人生への意欲が低いから「問題行動」を起こすのだ、という決めつけ——を疑わない点において、これらの図式の単なる縮小再生産にしかなっていない。

二〇〇五年九月一一日に行われ、自民党の「歴史的大勝利」に終わった衆議院選挙の分析にも、同様の若年層バッシングが発生した。この選挙において、前回に比して投票率が大幅に上がったことにかこつけて、少なからぬ論者が若年層の投票行動を問題視していた。曰く、若年層が小泉純一郎流の、反対派を切り捨てる強権的な態度にエクスタシーを覚え、自分の将来も顧みずに自民党に投票したのだ、と。

しかし得票率を見てみると、与党と野党の得票率はそれほど変わらない。にもかかわらず与党が全議席の三分の二という巨大勢力になってしまったということは、若年層の「内面」では説明できない要因——例えば小選挙区制や、公明党の選挙協力など——をも見るべきだろう。

それはともかく、「ニート」という言葉は、単に仕事もしていなければ教育も受けていない若年層、という定義を超えて、現代社会の、あるいは若年層の「気分」として認知されるようになっている。そして、そのように認知されることによって、社会的な解決を失い、あるいは社会構造の問題を隠蔽され、青少年の「内面」の問題とみなされるようになった。

本来であれば、「ニート」という存在の中で、どのような特徴の人がどれほどいるのか、ということを定量化すること、そしてそれらを生み出す社会構造を、「社会が若者を甘えさせている」といった認識を超えて検証するところで、やっと議論の入口に立つ。しかし我が国において爆発的に増大した「ニート」論は、そのような認識の入口に立たないまま、幻想のような言説だけが盛り上がりを見せてしまった。いわば、基礎を造らないままに高層ビルを建ててしまったようなものである。

「ニート」をめぐる議論は、「パラサイト・シングル」論や「社会的ひきこもり」論、あるいは教育万能主義的な言説に「ただ乗り」する形で盛り上がった。それゆえ、当初の定義とは全く違う方向に飛んでしまい、本来の意味とはかけ離れた「ニート」言説の横行まで許してしまっている。われわれにはそのような状況をしっかりと見据え、「ニート」問題の視座を本来あるべき就業の問題として捉え直すことこそが求められていると考える。

第3部の参考文献・資料

【単行本】
浅井宏純、森本和子『自分の子供をニートにさせない方法』宝島社、二〇〇五年七月
荒木創造『ニートの心理学』小学館文庫、二〇〇五年一一月
小笠原喜康『議論のウソ』講談社現代新書、二〇〇五年九月
笠原嘉『アパシー・シンドローム』岩波現代文庫、二〇〇二年一二月
工藤啓『「ニート」支援マニュアル』PHP研究所、二〇〇五年一一月
玄田有史『仕事のなかの曖昧な不安』中央公論新社、二〇〇一年一二月
玄田有史『働く過剰』NTT出版、二〇〇五年一〇月
玄田有史、曲沼美恵『ニート――フリーターでもなく失業者でもなく』幻冬舎、二〇〇四年七月
玄田有史、小杉礼子、労働政策研究・研修機構『子どもがニートになったなら』NHK生活人新書、二〇〇五年七月
小島貴子『我が子をニートから救う本』すばる舎、二〇〇五年七月
斎藤環『社会的ひきこもり』PHP新書、一九九八年一一月
斎藤環［二〇〇三a］『心理学化する社会』PHP研究所、二〇〇三年九月
斎藤環［二〇〇三b］『ひきこもり文化論』紀伊國屋書店、二〇〇三年一二月
佐藤洋作、平塚眞樹『ニート・フリーターと学力』明石書店、二〇〇五年一一月
澤口俊之『幸せになる成功知能HQ』講談社、二〇〇五年九月
白川一郎『日本のニート・世界のフリーター』中公新書ラクレ、二〇〇五年一一月
ロナルド・ドーア、石塚雅彦（訳）『働くということ』中公新書、二〇〇五年四月

鳥居徹也『フリーター・ニートになる前に読む本』三笠書房、二〇〇五年七月
広田照幸『《愛国心》のゆくえ』世織書房、二〇〇五年九月
二神能基『希望のニート』東洋経済新報社、二〇〇五年六月
本田由紀『若者と仕事』東京大学出版会、二〇〇五年四月
正高信男『父親力』中公新書、二〇〇二年三月
正高信男『ケータイを持ったサル』中公新書、二〇〇三年九月
正高信男『NHK人間講座　人間性の進化史』日本放送出版協会、二〇〇四年一二月
パオロ・マッツァリーノ『反社会学講座』イースト・プレス、二〇〇四年六月
宮本みち子『若者が〈社会的弱者〉に転落する』洋泉社新書y、二〇〇二年一一月
矢幡洋『働こうとしない人たち』中公新書ラクレ、二〇〇五年五月
山田昌弘『パラサイト・シングルの時代』ちくま新書、一九九九年一〇月

【新聞・雑誌】

朝日新聞社『週刊朝日』取材班「『親殺し』、なぜ止まらないのか」『週刊朝日』二〇〇四年一二月一〇日号、朝日新聞社
池上正樹「『ニート』が急増するワケ」『サンデー毎日』二〇〇四年七月二五日号、毎日新聞社
池上正樹「ニートvs.武部自民党幹事長　大ゲンカの行方」『サンデー毎日』二〇〇五年一月二日号、毎日新聞社
石臥薫子「無業青年『ニート』の意外な素顔」『プレジデント』二〇〇四年一一月一日号、プレジデント社
石臥薫子「『働く意味』と『結婚の意味』」『AERA』二〇〇四年一一月八日号、朝日新聞社
石臥薫子「フリーター　農業で再生」『AERA』二〇〇四年一二月二〇日号、朝日新聞社
石臥薫子「姉御負け犬と潜在ニート男」『AERA』二〇〇五年四月二五日号、朝日新聞社
石臥薫子「『ニート・フリーターを生み出す家庭』の特徴分析」『プレジデント』二〇〇五年五月一六日号、

プレジデント社
伊東武彦「新卒派遣で正社員」『ＡＥＲＡ』二〇〇五年九月一二日号、朝日新聞社
上野玲「働きたくないから税金で暮らす」『ヨミウリウイークリー』二〇〇五年一〇月一六日号、読売新聞社
上野玲「働くつもりはない　親もそうだったから」『ヨミウリウイークリー』二〇〇五年一〇月二三日号、読売新聞社
内山洋紀「20代おおう『心はニート』」『ＡＥＲＡ』二〇〇四年一一月八日号、朝日新聞社
内山洋紀、石臥薫子「ニート親『嘆きの壁』」『ＡＥＲＡ』二〇〇四年一二月二〇日号、朝日新聞社
小田公美子「ニート対策と先生で選ぶ」『ＡＥＲＡ』二〇〇五年一〇月三日号、朝日新聞社
奥田祥子「『困った我が子』にどう迫るか」『ヨミウリウイークリー』二〇〇四年一二月一九日号、読売新聞社
奥田由意、富田亜紗子、濱智子、西川敦子「息子・娘がニートになる日」『週刊ダイヤモンド』二〇〇五年六月四日号、ダイヤモンド社
鹿嶋敬『『ニート』玄田有史、曲沼美恵著〝ひきこもり〟は社会の責任」二〇〇四年八月一五日付日本経済新聞
勝恵子、玄田有史「親が人生をつまらないって態度ばかり示してたらダメなんです。」『サンデー毎日』二〇〇五年八月一四日号、毎日新聞社／「無手㊙流」第一二回
金子勝「論壇時評　政治のバブル」二〇〇五年九月二七日付朝日新聞夕刊
苅谷剛彦「書評：ニート　フリーターでもなく失業者でもなく　玄田有史・曲沼美恵［著］」二〇〇四年九月一二日付朝日新聞
河野正一郎［二〇〇五］「ニート対策冊子、授業に　高校からの注文相次ぐ」二〇〇五年五月一二日付朝日新聞
河野正一郎「働かない長男　結婚しない長女」『ＡＥＲＡ』二〇〇五年一一月二一日号、朝日新聞社
北田暁大「『反市民』を支える草の根ロマン主義」『論座』二〇〇四年八月号、朝日新聞社
木村恵子「ネーミングの共鳴力」『ＡＥＲＡ』二〇〇五年六月二〇日号、朝日新聞社

京極理恵、奥田祥子「わが子をフリーターにしないために」『ヨミウリウイークリー』二〇〇四年一〇月三日号、読売新聞社
玄田有史［二〇〇四ａ］「十四歳に『いい大人』と出会わせよう」『中央公論』二〇〇四年二月号、中央公論新社
玄田有史［二〇〇四ｂ］「自己実現疲れ、個性疲れの若者を支援せよ」『論座』二〇〇四年八月号、朝日新聞社
玄田有史［二〇〇四ｃ］「働くことも学ぶことも放棄した『ニート』四〇万人に急増の現実」『週刊ダイヤモンド』二〇〇四年九月一八日号、ダイヤモンド社
後藤道夫、中西新太郎、乾彰夫「若者をめぐる言説・政策をどうみるか?・」『教育』二〇〇五年四月号、国土社
斎藤珠里、佐藤秀男「セックスレス　妻たちの逆襲」『ＡＥＲＡ』二〇〇五年一一月七日号、朝日新聞社
佐藤修史「団塊ジュニア『レサパン』逆襲の時」『ＡＥＲＡ』二〇〇五年六月六日号、朝日新聞社
佐藤修史、坂井浩和「専業主婦はパラサイト」『ＡＥＲＡ』二〇〇五年八月一日号、朝日新聞社
佐藤秀男、若林亜紀「眠れぬ夏の夜 逆襲のざわめき」『ＡＥＲＡ』二〇〇五年八月一五日・二二日号、朝日新聞社
渋谷望「万国のミドルクラス諸君、団結せよ!?」『現代思想』二〇〇五年一月号、青土社
高畑基宏、奥田祥子「ニート家庭『凄絶』白書」『ヨミウリウイークリー』二〇〇五年八月一四日号、読売新聞社
高畑基宏、奥田祥子、水崎真智子「子どもから〝逃げる〟父親たち」『読売ウイークリー』二〇〇五年一一月二〇日号、読売新聞社
田中秀臣「景気回復で半減するはずのニートを『経済失政』と『予算』の口実にするな」『ＳＡＰＩＯ』二〇〇五年一一月二三日号、小学館
辻大介「ケータイ・コミュニケーションと『公／私』の変容」日本放送協会放送文化研究所（編）『放送メディア研究３』二〇〇五年六月、丸善

時田英之「ケータイ文化に潜む危うさ」二〇〇四年一月二八日付読売新聞
内藤朝雄「お前もニートだ」『図書新聞』二〇〇五年三月一九日号、図書新聞
内藤朝雄「憎悪の社会空間論」『10＋1』四〇号、ＩＮＡＸ出版
中森明夫「アエラ問題研究会」『噂の眞相』一九九九年一〇月号、噂の眞相／「月刊ナカモリ効果」第三四回
中森明夫「タマちゃんの深層」『噂の眞相』二〇〇二年一〇月号、噂の眞相／「月刊ナカモリ効果」第七〇回
根本清樹「政態拝見　ニート対策　スローな才能に希望をみる」二〇〇五年六月二八日付朝日新聞
橋本治『「なんかヤダ」から始めるしかないですね」『論座』二〇〇五年一二月号、朝日新聞社
正高信男「チンパンジーと酷似する『出あるき族』ほかケータイによる『日本人のサル化』はさらに進んだ」『ＳＡＰＩＯ』二〇〇五年一一月二三日号、小学館
諸永裕司「一生ずっとフリーター可能なのか」『ＡＥＲＡ』二〇〇三年七月一四日号、朝日新聞社
山田厚史「ＮＯといえるサラリーマン」『ＡＥＲＡ』二〇〇五年二月一四日号、朝日新聞社
「人口減少ショック」『エコノミスト』二〇〇四年八月三一日号、毎日新聞社
「娘、息子の悲惨な職場」『エコノミスト』二〇〇五年三月二二日号、毎日新聞社
「迎春ワイド特集　人生ガラガラポン」『サンデー毎日』二〇〇五年一月九日・一六日合併号、毎日新聞社
「自分の子どもを絶対にニートにしない30の方法」『旬なテーマ』二〇〇五年一一月号、中経出版

【インターネット・サイト】
「ANOTHER BRICK IN THE WALL」(http://coma79.exblog.jp/)
「フリーターが語る渡り奉公人事情」(http://blog.goo.ne.jp/egrettasacra/)
「ニートまとめサイト＠ガイドライン」(http://www.geocities.jp/soso_evolution_x/neet.html)
「若者自立塾支援センター」(http://www.jiritsu-juku.jp/)
「若者の人間力を高めるための国民運動」(http://www.wakamononingenryoku.jp/)

あとがき

本書の紹介としては、本田が「はじめに」で記すべきことを記している。わたしがつけ加えようと思うのは、本書の普遍性についてである。

「ニート」は流行性のイメージ商品であり、いずれ「アプレゲール」や「太陽族」などと同様、人々の記憶から消えていくであろう。しかし本書は、世に残る内容を備えた書物である。

一時のこのような流行はいつの時代にも社会を損なってきた。そのうちの一つ（「ニート」騒ぎ）を深く掘り下げていくことによって、そこから普遍的なメカニズムが浮き彫りになってくる。読者はこの本を読了して以後は、「ニート」に限らず、いろいろな流行性のイメージ商品に対する免疫ができるであろう。「ニート」が忘れ去られた後でも、本書は版を重ね、多くの人々に有益な視点を提供し続けると確信している。将来、「ニート」騒ぎは本書によって思い出される歴史的な事象になるだろう。

大衆の中に憎悪が蔓延するしかたが、その社会の根本的なありかたとその欠陥を映し出す。

本書では、青少年ネガティヴ・キャンペーンに対する人々の反応をリトマス試験紙のように用いて、われわれの社会の欠陥を明るみに出すことに成功した。本書は「ニート」問題をきっかけとして、われわれが生きているこの社会の原理的な困難を突きつけるのである。

本田と内藤の執筆分では、このような原理的な困難に対して、新しい社会構想を提出している。後藤は、「あたりまえ」にくるんで世にばらまかれた個々の「ニート」言説を、「あたりまえ」でないものへと異化していく。世に氾濫する言説を突き通す「目の動かし方」のレッスン集として、ぜひ精読していただきたい。

本書は熊やモグラや獏のような雑多な三匹の動物の癖のある咆哮を、光文社の草薙麻友子さんがうまくまとめたものである。感謝の意を表しつつ、本書の〆としたい。

内藤朝雄

本田由紀（ほんだゆき）
1964年徳島県生まれ。東京大学大学院教育学研究科准教授。専門は教育社会学。日本労働研究機構研究員などを経て現職。著書に『若者と仕事』(東京大学出版会)、『多元化する「能力」と日本社会』(NTT出版)など。

内藤朝雄（ないとうあさお）
1962年東京都生まれ。明治大学文学部准教授。専門は社会学。東京大学大学院総合文化研究科博士課程を経て現職。著書に『いじめの社会理論』(柏書房)、共著に『学校が自由になる日』（雲母書房）など。

後藤和智（ごとうかずとも）
1984年岩手県生まれ。東北大学大学院工学研究科博士課程前期在学中（都市・建築学専攻）。2004年11月より、ブログ上で青少年言説の検証に取り組んでいる。

「ニート」って言《い》うな！

2006年1月20日初版1刷発行
2008年9月10日　9刷発行

著　者 ── 本田由紀　内藤朝雄　後藤和智
発行者 ── 古谷俊勝
装　幀 ── アラン・チャン
印刷所 ── 堀内印刷
製本所 ── 明泉堂製本
発行所 ── 株式会社光文社
東京都文京区音羽1-16-6(〒112-8011)
電　話 ── 編集部03(5395)8289　販売部03(5395)8114
業務部03(5395)8125
メール ── sinsyo@kobunsha.com

2006 Printed in Japan　ISBN 978-4-334-03337-8

光文社新書

番号	タイトル	サブタイトル	著者
221	下流社会	新たな階層集団の出現	三浦展
222	わかったつもり	読解力がつかない本当の原因	西林克彦
223	暗証番号はなぜ4桁なのか？	セキュリティを本質から理解する	岡嶋裕史
224	仏像は語る	何のために作られたのか	宮元健次
225	ニューヨーク美術案内		千住博　野地秩嘉
226	世界最高の日本文学	こんなにすごい小説があった	許光俊
227	ジャーナリズムとしてのパパラッチ	イタリア人の正義感	内田洋子
228	日仏カップル事情	日本女性はなぜモテる？	夏目幸子
229	古伝空手の発想	身体で感じ「身体脳」で生きる	宇城憲治 監修／小林信也
230	羞恥心はどこへ消えた？		菅原健介
231	仕事のパソコン再入門	メール、ファイル、ツールを使いこなす	舘神龍彦
232	食い道楽ひとり旅		柏井壽
233	不勉強が身にしみる	学力・思考力・社会力とは何か	長山靖生
234	20世紀絵画	モダニズム美術史を問い直す	宮下誠
235	駅伝がマラソンをダメにした		生島淳
236	古典落語　これが名演だ！		京須偕充
237	「ニート」って言うな！		本田由紀　内藤朝雄　後藤和智
238	日中一〇〇年史	二つの近代を問い直す	丸川哲史
239	「学び」で組織は成長する		吉田新一郎
240	踊るマハーバーラタ	愚かで愛しい物語	山際素男